体育用品产业与发展策略研究

常 超◎著

吉林出版集团股份有限公司
全国百佳图书出版单位

图书在版编目（CIP）数据

体育用品产业与发展策略研究 / 常超著 . -- 长春：吉林出版集团股份有限公司 , 2023.11
　　ISBN 978-7-5581-1970-5

　　Ⅰ . ①体… Ⅱ . ①常… Ⅲ . ①体育用品 – 体育产业 – 产业发展 – 研究 – 中国 Ⅳ . ① G812

中国国家版本馆 CIP 数据核字（2023）第 228120 号

体育用品产业与发展策略研究
TIYU YONGPIN CHANYE YU FAZHAN CELÜE YANJIU

著　　者	常　超
责任编辑	赵　萍
封面设计	李　伟
开　　本	710mm×1000mm　　1/16
字　　数	210 千
印　　张	11.75
版　　次	2024 年 3 月第 1 版
印　　次	2024 年 3 月第 1 次印刷
印　　刷	天津和萱印刷有限公司

出　　版	吉林出版集团股份有限公司
发　　行	吉林出版集团股份有限公司
地　　址	吉林省长春市福祉大路 5788 号
邮　　编	130000
电　　话	0431-81629968
邮　　箱	11915286@qq.com
书　　号	ISBN 978-7-5581-1970-5
定　　价	71.00 元

版权所有　翻印必究

作者简介

常超，男，汉族，1982年10月生，河南省许昌市人，毕业于河南大学，硕士研究生学历，现任教于许昌学院，副教授。研究方向：体育教学与体育经济学专业。近年来，先后发表科研论文26篇，其中核心论文9篇；主持教育部人文社科项目1项、主持完成河南省哲学社会科学规划课题1项、主持完成河南省科技厅软科学项目1项、参与完成省部级课题3项、主持地厅级课题8项；出版学术专著2部；受理专利2项。

前　言

体育用品业是体育产业中很重要的一环，它由两部分构成，分别是体育用品制造业与销售业。体育用品业在整个行业中的作用显而易见，它为体育服务行业，如体育健身娱乐业、体育竞赛表演业、体育培训业等提供支持与赞助。

从20世纪80年代初开始，我国的体育用品业开始蓬勃发展，走上了产业化的道路。一直到今天，经过几十年的发展，我国已是全球最大的体育用品制造国，所生产的体育用品目前已占全球体育用品市场份额的65%以上。但是，值得关注的是，虽然我国在全球体育用品市场份额中的占比较大，却有着"大而不强"的弱点，特别是产业结构，有待进一步优化。

体育用品行业的竞争可以说是十分激烈的，但其开放度也相对较高。我国体育用品业有着以下几点发展趋势：第一，整体规模呈现不断扩大趋势，但是增速却逐渐放缓；第二，行业竞争激烈，经过不断洗牌，品牌集中度越来越高；第三，随着制造业成本的升高，体育用品核心竞争力优势需要重新塑造；第四，呈现产业集群效应，并带动着周边经济发展。

目前，我国体育用品业的发展速度呈现出不断放缓的趋势。特别是运动服饰，销售业绩下滑趋势明显。但运动器材，如球类、健身类器材，以及个人运动防护用品的销售业绩却在稳定增长中，特别是户外体育用品市场，其销售增长幅度高达百分之三十。行业内部的调整是行业成长过程中不可避免的，我国体育用品业的市场潜力是巨大的，经过产业结构调整、内外部环境的改善，行业前景未来可期。

体育用品业作为制造业的一部分，同制造业一样处于转型发展的关键时期。

虽然，不同门类体育用品的特点不同，所处发展阶段也不同，但都面临着一定程度的转型升级，需重新塑造其核心竞争力。随着市场消费能力的增长，体育用品未来的发展前景巨大。同时，我国体育用品业市场集中度也在增强，呈现出明显的产业集群效应。

  本书共分为六章。第一章主题为体育用品产业概述，分为体育用品的分类、体育用品产业相关概念、我国体育用品产业发展历史、我国体育用品产业现状四节。第二章的主题是我国体育用品企业发展研究，从我国体育用品企业国际竞争力与企业政策、我国体育用品企业的成长性两方面展开论述。第三章主题是我国体育用品品牌建设，分为三节：我国体育用品品牌竞争力建设、我国体育用品本土品牌构建、我国体育用品品牌化战略。第四章的论述核心是我国体育用品制造产业集群，分为三节：我国体育用品制造产业集群区域品牌形成机制、我国体育用品制造产业集群发展潜力测评、我国体育用品制造产业集群培育研究。第五章从我国体育用品定价方案研究这一主题入手，分析了我国体育用品定价方法、我国体育用品定价策略两方面的内容。第六章重点阐述我国体育用品产业消费市场探索，分为三节：体育消费关联理论、我国体育用品产业消费市场概述、我国体育用品产业消费者现状研究。

  在撰写本书的过程中，作者得到了许多专家学者的帮助和指导，参考了大量的学术文献，在此表示真诚的感谢！限于作者水平有不足，加之时间仓促，本书难免存在一些疏漏，在此，恳请同行专家和读者朋友批评指正！

常超
2023 年 2 月

目 录

第一章 体育用品产业概述 ……………………………………………………… 1
    第一节 体育用品的分类 ……………………………………………………… 3
    第二节 体育用品产业相关概念 …………………………………………… 30
    第三节 我国体育用品产业发展历史 ……………………………………… 37
    第四节 我国体育用品产业现状 …………………………………………… 51

第二章 我国体育用品企业发展研究 ………………………………………… 61
    第一节 我国体育用品企业国际竞争力与企业政策 ……………………… 63
    第二节 我国体育用品企业的成长性 ……………………………………… 68

第三章 我国体育用品品牌建设 ……………………………………………… 83
    第一节 我国体育用品品牌竞争力建设 …………………………………… 85
    第二节 我国体育用品本土品牌构建 ……………………………………… 93
    第三节 我国体育用品品牌化战略 ………………………………………… 98

第四章 我国体育用品制造产业集群 ………………………………………… 105
    第一节 我国体育用品制造产业集群区域品牌形成机制 ………………… 107
    第二节 我国体育用品制造产业集群发展潜力测评 ……………………… 123
    第三节 我国体育用品制造产业集群培育研究 …………………………… 127

第五章 我国体育用品定价方案研究 ································ 131
    第一节 我国体育用品定价方法 ································ 133
    第二节 我国体育用品定价策略 ································ 145

第六章 我国体育用品产业消费市场探索 ···························· 153
    第一节 体育消费关联理论 ···································· 155
    第二节 我国体育用品产业消费市场概述 ························ 166
    第三节 我国体育用品产业消费者现状研究 ······················ 172

参考文献 ·· 175

第一章 体育用品产业概述

  体育用品就是在进行体育教育、竞技运动和身体锻炼的过程中所能使用到的物品的统称。作为体育用品制造大国，我国生产的体育用品种类繁多，畅销全球。在经济全球化背景下，全球范围的体育赛事越来越多，带动了体育产业的发展，体育用品的消费需求也在逐步提高。本章主题为体育用品产业概述，分为四节：体育用品的分类、体育用品产业相关概念、我国体育用品产业发展历史、我国体育用品产业现状。

第一节 体育用品的分类

体育用品的种类繁多。广义地说，凡能用以锻炼身体、增强健康、健全体魄的用品都属于体育用品。

中华人民共和国成立前，体育用品的生产量与销售量均很少。1949年之后，随着群众性体育运动的广泛开展，我国的体育用品制造业也得到了很大发展，品种、质量、产量等各方面都有很大提高，其中许多产品，如篮球、排球、足球、乒乓球、乒乓台、羽毛球及体操器械中的单、双杠、平衡木、鞍马和各种辅助用品等，都陆续地达到了国际先进水平，除满足国内需要外，还行销海外。[①]

体育用品按照运动项目性质，可以大体上分为球类运动用品、田径运动器材、体操运动器械和其他运动器材等。

一、球类运动用品

（一）篮球、排球、足球

篮球、排球、足球是运动项目中的主要体育用品，这三项体育运动项目俗称为"三大球"。

1. 篮球、排球、足球的结构和性能

篮球、排球、足球一般由球胆、球嘴、骨架层、球面四个主要部分组成。球胆是球的最内层部分，由橡胶为主制成，标准球胆充气后形成正球形，装入球内后拍击时会产生弹性。球嘴固定紧贴在球表皮里面，在球的表面层，仅仅露出胆头的气孔部分，可以利用打气针插入气孔并装上打气筒打气。骨架层位于球胆、球面之间，既对球胆起保护作用，又是球面的基础。球面一般以皮革或橡胶制成，是整个球的外表，直接与运动员与地面接触。

2. 篮球、排球、足球的原料与制造

篮球、排球、足球按原料可分为皮革球和橡胶球两大类。

---

① 董红刚，孙晋海. 体育产业：以关键词为视角的学术观念史叙事[J]. 体育与科学，2021，42（5）：10.

皮革球的主要原料是皮革、橡胶，辅助材料是帆布、白布、缝线等。

皮革球的制造过程为：一是选料，把皮面上的粗斑、硬伤、虫口等作出标记，提高下一工序的质量；二是裁片和冲片，保证料片的大小一致并划分等级，把厚薄、软硬、色泽一致的片料划归一类；三是缝制，要根据球身的大小、皮革的厚薄和球的用途，按规定确定缝针数目，要求缝制牢固、匀整；四是整理，目的使球更加圆整。

橡胶球的主要原料有天然橡胶、合成橡胶（丁苯胶、顺丁胶、丁基胶等）和塑料高分子材料，辅助材料有碳酸钙、碳酸镁、陶土、硫黄、氧化锌、促进剂、防老化剂和软化粘贴剂等。

橡胶球的制造过程为：一是配料，把各种主辅材料按一定比例混合；二是炼胶，把配料经过加温加压炼成胶状；三是制片，把胶料按模型大小制成胶片；四是成型，把胶片组合成坯型；五是硫化，目的是增强成品的牢度和稳定性；六是整理；最后是检验和包装。

3. 篮球、排球、足球的种类与特点

按照原料种类划分，一般可细分为牛皮球、猪皮球、无缝胶胎球、橡胶球四种。

牛皮球圆度好、重量标准，弹力适合，皮革柔韧，耐磨性强，适宜比赛用。

猪皮球与牛皮球相比，价格较低廉，耐磨率强，但皮革较薄，柔韧不够，圆度重量欠标准，弹力过大，耐湿性不强，比较容易变形。

无缝胶胎球圆度、重量合乎标准，不怕潮湿，反弹性极好，手感性适中，伸张性小，不易变形和破裂。

橡皮球的圆度、重量也合乎标准，不怕潮湿，价格便宜，携带方便，但弹性过大，胶皮较硬容易触伤手指，球面有了损伤时修补比较困难。

牛皮球、无缝胶胎球的等级主要根据皮革的质量来确定。一级品球的皮革选自牛的臀部和胯骨，牛皮毛孔组织细小、整齐，皮纹呈水纹形，有丰满的感觉，厚度均匀，色泽光润，皮革坚韧而富有弹性，耐磨性强，质量上乘。二级品球的皮革选自牛的后腰、坐臀，牛皮毛孔组织整齐，皮纹略相，厚度稍薄，色泽光润较差，坚韧性仅次于一级品，耐磨性尚好，质量属中等。三级品球的皮革选自牛的前腰、颈部、上肚膛，牛皮毛孔纤维组织粗糙而又松弛，有伸缩性，但弹性较差，无色泽光润感，耐磨性较差，质量属低档。

从皮球的片数划分，有8、12、18、24、32片等多种。根据片数多少其片形会被分为瓢形、条形、丁字形、五角及其他片形。

从球的花纹划分，有轧花和净面2种。

从球的皮色划分，有金黄、中黄、枣红、白色、黑白间色等。橡胶球的皮色更多，有红、黄、白、绿、蓝等各种颜色。

从打气部分的结构划分，有穿带式和针打气式2种。穿带式球沿用时间最久，打气后把胆嘴扎紧，纳入皮球的口档皮内，再用收球器把球穿好收紧，方可使用。使用时需要用打气针打气，打气时应将针头蘸上少许肥皂水，缓缓插入气门，气打足后再徐徐拔出。

4.篮球、排球、足球的规格标准

篮球有三种规格：成人球圆周为75～78厘米，重量为600～650克；少年球圆周为72～74厘米，重量为560～580克；儿童球圆周为68～70厘米，重量为80～500克。

排球的标准规格为：圆周是65～67厘米，重量是250克～280克。

足球也有三种规格：成人球圆周为68～71厘米，重量为396～453克；少年球圆周为62～65厘米，重量为350～380克；儿童球圆周为54～56厘米，重量为280～310克。

5.篮球、排球、足球的质量要求与质量检验

（1）质量要求

手缝球：规格符合标准，球皮厚度适宜，球皮质量柔韧，缝合要求严密。

无缝胶胎球：规格符合标准，球皮质量柔韧，胶线匀整美观。

（2）鉴别质量的内容和方法

①规格标准

球体必须符合国家体委统一规定，如八片篮球纵横向圆周长的公差不得大于20毫米。

②球皮厚度

篮球皮厚度以2.5～3毫米为标准，最低不得少于2.5毫米，无缝胶胎篮球皮厚1.5～1.7毫米；排球皮的厚度以1.5～1.75毫米为标准，最低不少于1.5毫米，

也不得厚于 2 毫米；足球皮的厚度以 2~2.2 毫米为标准，最低不得低于 2 毫米，鉴别时，都可使用标准的皮尺、卡尺和磅秤等进行测定。

③球皮质量

球皮质量分一、二、三级，鉴别时，通常依靠手感和目力，必要时可利用放大镜等工具进行观察，有时还要进行实际试验。有经验的业务人员通过上述方法就可辨别皮革好坏。

④球皮表面质量

通常目测球皮表面有无影响质量的伤痕、裂痕、蛀眼、疮疤等缺点。

球皮之间的搭配和缝合质量：首先将球打足气，然后用目力检查配片是否匀整、色泽光彩是否一致，有无漏针露线、歪线以及稀密不匀等现象；其次用微量清水滴在气门上，试其有无气泡，即检查皮球是否漏气；再次，目测球胆折叠处是否有粘连现象；最后，目测缝道轨迹是否符合要求，如十八片和十二片球缝线以直道为主，丁字形或多片式缝线着重于弯角等口。

其他方面的质量：弹力、耐磨率、伸张性能等质量指标可凭借有关仪器按标准检验，在没有仪器时，可以通过专业运动队实际试验，进行鉴定。

在日常验收工作中还应特别注意球歪、超差、错配、露线、硬伤、脱胶这六类常见的质量问题。

（二）乒乓球

乒乓球运动是我国最普及的球类运动项目。随着乒乓球运动的飞跃发展，我国乒乓球生产规模不断扩大，技术水平不断提高。乒乓球的年产量雄居世界第一，质量也达到了世界水平。我国红双喜乒乓球多年来一直是国际正式比赛用球，获得了海内外很高的评价。

1. 乒乓球的原料与制造

乒乓球由两个半圆球胶合而成。球坯的原料是硝酸纤维素塑料，用乙酸正丁酯或乙酸戊脂作溶剂进行胶合。

硝酸纤维素塑料极易燃烧，但可塑性好，软化点很低，在 80~90℃时能成为柔软物质，这样就容易加工成各种形状。若温度超过 120℃，赛璐珞就会分解。因此，乒乓球如受日光照射，硝酸纤维素塑料所含的樟脑和乙醇成分会起挥发作用，逐渐分解变黄，使其耐水性变差，失去往日的柔性，进而会变硬发脆以致破裂。

乒乓球的制造过程大约分为准备、制坯、制球三个大阶段。如果细分一下，可分为整料及选料、上烘、测量整理、自然干燥、冲片、软坯、干燥、胶合、干燥、膨球、磨光、上粉、检验、打印、包装成品等二十多道生产工序。

2. 乒乓球的种类和等级

（1）乒乓球的种类

乒乓球按其制造方法的不同，可分为无光有缝球和无光密缝球两种。

①无光有缝球

球的表面有很明显的一条胶合缝道，俗称有缝球。所谓无光就是球面经过抛磨上粉，因此又名上粉球。这种球的特点是球面纯白，使用时不反光，适合一般比赛和练习之用。

②无光密缝球

虽然无光密缝球也是由两个半球胶合而成，但它的接缝更加严密平整，从表面上看不出也摸不出接缝。这种球的特点是圆度正确、弹力均匀，比较耐用，适宜于正式比赛使用。

（2）乒乓球的等级标准

各地生产的乒乓球，其等级标准是根据品牌名中质量的优劣划分为一级、二级、三级品。如光荣牌有三花、二花、一花；翎蝶牌有三蝶、二蝶、一蝶之分等。自 1965 年起，等级名称有了新规定（表 1-1-1）。

表 1-1-1　乒乓球的级别及具体指标要求

指标名称	优级品	一级品	二级品
重量	2.40～2.53 克	2.40～2.53 克	2.38～2.58 克
弹力	210～230 毫米	210 毫米以上	210 毫米以上
尺度	直径 37.60～38.15 毫米；最大直径与最小直径差距不超过 0.25 毫米	直径 37.2～38.2 毫米；最大直径与最小直径差距不超过 0.1 毫米	同左
重心	偏角度不大于 7.5°	偏角度不大于 17.5° 15′	偏角度不大于 25° 22.5′
硬度	球顶受压下陷 1～1.6 毫米；两顶端受压下陷差距不大于 0.1 毫米	球顶受压下陷 0.85 毫米以上；两顶端受压下陷差距不大于 0.25 毫米	球顶受压下陷 0.75 毫米以上；两顶端受压下陷差距不大于 0.35 毫米

续表

指标名称	优级品	一级品	二级品
牢度	受压700次以上不破	同左	同左
色泽	洁白匀净	同左	洁白
表面	细洁不反光	同左	不反光
接缝	密缝整齐	同左	密缝或有缝
商标	印色鲜艳清晰	同左	印色清晰

3. 乒乓球的质量鉴别

（1）鉴别质量的标准

①规格标准

必须符合国家体委所规定的圆径、重量和色泽的要求，保证圆度正确，弹力均匀。

②原料质量方面

必须保证球片厚薄均匀，表面洁净，不软不脆，硬度适合，没有刀伤、刀路、杂质、厚薄不匀、透明点、粗糙、脆性、污渍等缺点。

③球片构造方面

两个半球球坯必须胶合严密，大小适合，不得有宽窄边、漏气、漏胶、缩腰、缺口、干燥不够及响子球等缺点。

④球的外观方面

外观必须洁白，打印商标必须鲜明，不得有鸳鸯球及漏印等现象。

（2）鉴别方法

①鉴别球的圆度和重量

鉴定圆度，可用分厘卡尺在球纵横左右卡量；鉴定重量，可用精密天平称之。

②检查球的外观

主要依靠视力观察，检查球面上有无较大黑点、云瓣、凸凹不平及色泽不一等现象。

③其他方面的检查

可使用灯光透视设备检查是否有球片厚薄不匀、球内有垃圾、接缝不齐等问题。

（三）羽毛球

羽毛球运动在我国比较普及，除正式比赛外，其也正日益成为广大群众工余课后的体育活动。目前，羽毛球是供应面广、销售量大的一种商品。

1. 羽毛球的结构与性能特点

羽毛球由底托、羽毛两部分组成。

羽毛球被击后速度的快慢与底托的轻重、羽毛的挺直弯曲程度和上口直径大小有很大关系。底托具有一定的弹性，用球拍击球时，底托被拍面上的弦碰撞而将球弹射出去。底托重，空气阻力小，球速就快；底托轻，空气阻力大，球速相对变慢。羽毛挺直，球在空中不旋转；羽毛弯曲，球在空中就会旋转。上口的直径大阻力亦大，速度就慢；上口直径小阻力亦小，速度就快。因此，在制造羽毛球时，除应具备坚固耐用，富有弹性外，还必须根据以上性能特点，对羽毛球的底托、羽毛及上口直径按一定比例进行制造，以适合运动需要。

2. 羽毛球的原料与制造

（1）羽毛球的原料

制造羽毛球所用的原料，主要是羽毛（或塑料）、软木（或轻木）、羊革、橡皮头子等；辅助原料有鱼胶、编线、丝带等。

羽毛是采用白鹅翅膀上的羽翎，有刀翎（又称直翎）与窝翎（又称弯陌）之区别。刀翎的毛长而挺直，翎厚丰满，翎毛紧贴顺直似刀型，用它制成羽毛球，既坚固耐用，又不易劈裂，在空中运动的规律也正常，既不过于轻飘，又能保持其下落速度，适宜于比赛要求。窝翎的毛弯而短，翎羽也薄，比刀翎次，只能作练习用球。

组成底托（头子）的原料。室外羽毛球是用软木或轻木外胶粘橡皮头制成；室内羽毛球则用软木作芯子，外包白羊皮，也有用狗革代替。它的作用是保护软木，加强球的弹力，也可使外型美观。橡皮头则是用橡胶加工制成。软木具有优良的韧性与弹性，不易破裂。一般用球也可用轻木代替软木，轻木产于广东，它也具有良好的韧性，木质很轻，但弹性不如软木好，故制成的羽毛球在质量上略次于软木制成的球。

编线是为了把羽翎编扎成束之用。鱼胶则用以粘贴羊革与软木底托。

（2）羽毛球的制作过程

羽毛球的制作过程包括开料、成型、装软木、插羽毛、编结粘胶、配重整理。普及型的塑料羽毛球主要原料为高压聚乙烯、聚氯乙烯和 EVA 塑料，经过配料、吹塑、注塑、装头子、整配等工艺过程后制成。

3. 羽毛球的种类与规格

（1）种类

羽毛球分室内、室外两种。室内羽毛球又称白头羽毛球，因球托部分用白色羊革包制的，它的质量标准，适宜于室内比赛。室外羽毛球的底托是用红色橡胶制成。又称红头羽毛球。室外与室内的风速不同，因此红头羽毛球底托较重，不能作比赛用球，只宜于室外一般练习之用。另外还有塑料羽毛球，它的体积略小，在空中阻力较小，速度比羽翎的快。羽毛球若按质量划分，可划分为直毛、弯毛、染色等三种。直毛因它的羽翎直而厚，质量最好；弯毛则因他的羽毛弯而薄，质量较次；染色因羽毛颜色不一致或有其他毛病而染色，质量最次，这种球只能作一般练习用球。

（2）规格

一般样式羽毛球重 4.74～5.5 克，由 16 根羽毛插在半球型软木托上，球高 68～78 毫米，直径 58～68 毫米（表 1-1-2）。

表 1-1-2　羽毛球规格

内容	尺寸	说明
球重	4.8～5.5 克	（目前最标准的是 5 克）
羽毛长度	6.4～7 厘米	（目前最标准的是 6.4 厘米）
底托直径	2.5～2.8 厘米	
上口直径	5.4～6.4 厘米	（最标准的为 6.4 厘米）
编线	在托上 2.5 厘米	（编结牢固）
羽毛	14～16 根	（标准 16 根）

4. 羽毛球质量鉴别

（1）质量鉴别要求

规格标准：球的质量、羽毛根数、长度及底托圆度均应符合国家体委的要求。

质量要求：羽毛必须洁白（彩色、黑色、塑料除外）整齐，羽翎挺直，翎管粗细均匀，长短一致。羽毛上不得有倒毛、脱底、虫蛀、断梗、烘黄、裂梗及发脆等现象。

对底托要求：底托上的软木或轻木必须画整，羊皮应包粘贴牢而光滑，不能高低不平。羽翎坚实，间隔均匀，上胶无脱落；上口圆度必须符合规定。

（2）质量鉴别方法

对羽毛球的鉴别，除重量、底托圆度、羽毛长短、直径大小需要使用台秤、分厘卡尺测量外，其他方面的鉴别都采用目力和手指触觉来进行。如羽毛根数、倒毛、弯毛、裂梗以及底托脱胶、绕线不匀、摇翎牢固度及发脆等现象，都应该以目力和手指触觉来鉴别测定。

（四）网球

网球运动在世界上是一个很大的运动项目，传入我国只有几十年的历史。在我国，由于网球比较娇贵并且场地上需一定设备，所以网球运动不像乒乓球、羽毛球运动那么普及。近年来，随着体育运动的发展，网球运动也逐渐繁盛，比赛技术也有了很大的提高。

1. 网球的原料和制造过程

网球的原料主要是生橡胶和羊毛，为了把生橡胶制成适合于网球的原料，还需要加入化学药品，比方说为了使网球胎内的气压充足，还需要加一些发气药品，如用来处理生橡胶的化学药品有氧化锌、碳酸钙、钛白粉等；也可利用亚硝酸钠和氯化铵作用分解出氮气的办法来增强球内气压，使球的弹力较能持久。

网球的制造过程主要是：炼胶、制胆、挫边、包胆、放发气剂、烤胆、上呢面、剪毛、抹缝、烤球、蒸球等。

2. 网球的种类和规格

（1）网球的种类

网球分两种，一种是球的外表层胶粘着白色、柔软、细致均匀的羊毛毡，另一种是用全橡胶制成的软性网球。这两种球的原料、制作流程、质量都大不相同，因而用途也不相同。羊毛毡网球既适合练习又能用于比赛；橡胶软性网球一般仅供练习之用。

（2）网球的规格

按照国家体委审定，网球直径为 6.35～6.67 厘米，允许公差为 0.32 厘米；网球重量为 56.7～58.4 克；在 20℃ 的气温中在球的对径上施加 8.165 千克重（相等于18磅）的压力，下陷0.67~0.74厘米之间为合格品；在同样温度时，球的弹力应为自离地面2.54米的高处垂直落下，在平坦硬场地上，其反跃高度能达到1.36~1.473米为合格品。

3. 网球的质量鉴别

（1）质量要求

规格标准上：网球的直径、重量应完全符合国家体委审定标准，球的压力和弹力应接近国家体委规定要求。

成品质量上：毛绒洁白，毛质松而结实，纤维不得稀密不匀和露底，绒面无虫蛀现象。胶缝牢固，不得有开裂现象。

（2）鉴别方法

规格方面：用分厘卡尺在球的纵横、左右四周进行卡量，鉴定球的圆度是否完全一致；用标准磅秤测定网球的重量。

外观方面：以目力观察、手指按擦的办法鉴别其毛绒是否洁白，薄厚是否均匀，有无凹凸现象，软硬度与弹力是否适宜。

使用效能方面，主要由气压、弹力来决定，可以通过反复多次的实际试验，以求得它的平均反跃高度及其各部位弹力的强弱。如果强弱有显著差距，则判为不合格。

（五）乒乓球拍

1. 乒乓球拍的结构与分类

乒乓球拍的结构比较简单。它是由柄、板面、胶粒片（有时还有海绵）组成的。

乒乓球经过了多年的发展，也确定了几种常用版面尺寸，而且不同的尺寸对应着不同的技术特点，常用的直板球拍中，传统版面尺寸是158毫米×152毫米，适合快攻型打法；加大版面尺寸为160毫米×152毫米，适合弧圈球打法；水滴版面尺寸为158毫米×150毫米，攻击力大。常用的横版版型中，简洁版面尺寸为154毫米×148毫米，重量较轻，因而打法灵活；经典版面尺寸是156毫米×150毫米，属于最全面均衡的；水滴版面尺寸是158毫米×150毫米，攻击力偏大。

从板面大小分，乒乓球拍可分为成年用拍和少年用板。从柄的长短和板面形态分，乒乓球拍可分为直板和横板。

从板面上贴面材料分，乒乓球拍可分为橡胶面板、正胶粒海绵板和反胶粒海绵板。橡胶面乒乓球拍的表面有小胶粒，击球时，胶粒和球接触产生摩擦，能平衡地回击到对方台面。击球速度与胶粒长短有关：胶粒短则与拍面距离近，因而弹力好、速度快；胶粒长则与拍面距离远，因而弹力差、速度慢，但由于面软，易于削球和守球。球的旋转力与胶粒粗细有关：胶粒粗则旋转力强，适宜进攻；胶粒细则旋转力弱。橡胶面乒乓球拍的特点是容易掌握，其缺点在于弹性、速度均不及胶面海绵板。

正胶粒海绵板的表面是正胶粒胶面，其后是一层薄海绵。其特点是弹性大、击球速度快、控制力强、易于攻球，并能回击各种旋转球。

反胶粒海绵板的表面是反胶粒胶面，其后也是一层薄海绵，其特点是削球时向上旋转力量大，弹起时有前冲力，能制造出多种弧圈球，使对方不易还击。

2. 乒乓球拍的原料与制造

乒乓球拍的主要原材料是椴木、木夹板、橡胶，辅助材料是胶水、清漆、腊克等。乒乓球拍的制造过程是：胶合夹板、开料、装柄、锉边、打磨、上漆、贴胶皮、贴商标、整理等。

3. 乒乓球拍的质量和标准检验

乒乓球拍的质量标准。主要有以下几个方面（表1-1-3）：

表1-1-3 乒乓球拍内在质量标准

项目	级别	优级品	一级品	二级品	三级品
开胶		无	无	无	无
板面翘曲		≤0.3毫米	≤0.5毫米	≤0.8毫米	≤1毫米
胶粒、海绵、黏合剂的总厚度（毫米）不大于		4	4	4	4
缺粒	正胶粒片	无	无	无	无
	反胶粒片	无	无	无	不集中，不多于2粒

（六）羽毛球拍与网球拍

1. 羽毛球拍与网球拍的结构

羽毛球拍与网球拍由拍框和拍柄两部分组成，拍框上有规则地穿上丝线。羽毛球拍的拍框长25～25.5厘米、宽20～20.5厘米，柄长39.5～40厘米，总长

66.5厘米，拍柄握手处直径不超过2.8厘米，重量0.225～0.25千克。

网球拍的拍框长28～29厘米、宽22.5～23.5厘米，柄长40～41厘米，总长69厘米，拍柄握手处直径4.5厘米，重量0.6～0.675千克。

羽毛球拍和网球拍都以拼数多少来分档，有单拼到11拼各档。例如羽毛球拍最多为9拼，网球拍最多为11拼。所谓拼，就是指球拍的边（圈）从外圈到内圈用几层木料拼成。多拼的球拍，不仅美观，而且结实耐用。另外，羽毛球拍还有插拼木柄和钢管柄两种式样。

2. 羽毛球拍、网球拍的原料与制造

二者主要原材料都是木材、弦线。木材品种有紫杨、桦木、榉木、柳木、麻栎等。弦线品种有：牛筋弦、羊肠弦、尼龙弦等。辅助材料有鱼胶或化学胶（胶框柄用）、清漆（起光用）、香蕉水（贴花用）、牛皮或猪皮（包柄用）以及扎线等。

球拍的制造过程为：开料、制拍框、装柄、打磨、上漆、穿拍、贴花、整理。

3. 羽毛球拍、网球拍的质量要求与检验

球拍的质量要求是：球拍规格符合前述标准；拍框平整、歪翘度不超过三毫米；拍线粗细均匀、松紧适度、富有弹性；拍柄挺直、握手舒适、圆头平整；胶缝严密、外观油漆光亮、平整、均匀。

检验时用量具、衡器、拉力器和目测方法，从外观质量到内在质量逐一测定、检验。

（七）乒乓球台

乒乓球台由台面和台脚两部分组成。台面长为274.5厘米、宽152.5厘米，厚2.2～2.9厘米；台脚粗5.5厘米×8.5厘米，台脚之间用4.5厘米×7厘米粗的脚档相连；台高为76厘米。台面漆成墨绿色、无光泽，台面四周有2厘米宽的白色边线，台面中间有一条0.3厘米宽的中线。

乒乓球台根据台脚的用料不同，分为木脚乒乓球台和铁脚乒乓球台；根据形式的不同，分为固定式和活动式。活动式乒乓台的脚可以折叠，因此占用空间较小，便于包装、保管和运输。

乒乓球台的主要原料为红松、椴木、柳安木、钢管及油漆等，辅助材料为胶水、铰链等。

乒乓球台的制造过程包括：胶压面板、开料、装脚、油漆、整理等。

乒乓球台的品质要求是：台面木质必须干燥平整、厚度一致，不得有凹凸不平、起翘走形、裂缝等毛病；台面四角必须呈直角，不能歪斜，四边平整顺直，不能有缺角斜坡等；台面硬度能使离台30.5厘米高处自由落下的乒乓球弹起20～23厘米；台面油漆不可有反光，漆面应均匀，不能有漆缕、漆泡、色泽深浅不匀、脱漆等现象；台脚折叠、拆卸应灵活、松紧适宜、长短一致、放置平稳；整个乒乓球台规格符合规定标准。

检验方法一般用目测、手摸和尺量。

（八）各种球架

1. 球架种类

篮球架、排球架、羽毛球架、网球架根据用料不同，分为铁制和木制两种。铁制球架坚固耐用、美观大方、能充分利用场地并能节约木材，但价格略高，既可用于练习又适宜于正式比赛；木制球架价格比较便宜，但在其他方面不及铁制球架，适宜于练习和非正式比赛。

球架根据式样不同，有固定式和移动式两种。固定式球架一般多数为木制，稳定性较好；移动式一般多数为铁制，它比固定式方便，可以自由搬运，比较灵活，使得体育馆能做到一场多用，即同一场地能举行多种球类比赛或表演。

2. 篮球架

篮球架一般由篮板、篮架、篮圈、篮球网组成。

篮板固定在篮架上，其规格为长182厘米、宽120厘米，厚3厘米，周边漆有5厘米宽的黑线，离下沿30厘米中心处有高45厘米、宽59厘米、线粗5厘米的黑方框。篮板下沿距离地面275厘米。篮板用料一般是杉木，遇雨不易腐烂，且价格比较便宜。比较高档的是有机玻璃篮板，其特点是：透明度好，光线透过率达91%以上，使篮板后面的观众也能欣赏精彩球赛；耐热耐寒好，在 $-60℃$～$90℃$ 之间不变形，适应我国任何地区的室外温度；平整性好，整个平面极为平整光滑，无接缝无钉眼；韧性好，篮板坚固耐用，耐冲击力达到15～18千克；价格较贵，不易普及。

篮架的作用是固定篮板，由柱、撑、档、底盘组成。篮架有木制有铁制，有活动式有固定式。

篮圈又称篮筐，由铁圈、铁板、支架组成，固定在篮板的固定位置上，距地面305厘米，篮圈有铁簧，可挂钩篮球网。铁圈内径为45厘米，元钢铁圈直径为1.6~2厘米。

篮球网悬挂在篮圈上，作掷球入网得分之用。球网用棉纱或丙纶线合股编织而成。

3. 排球架

排球架有铁制、木制两种。这里介绍铁制架中的手摇自动升降式排球架。这种排球架由外钢管和内钢柱组成，在离地面50厘米处装有摇手圆铁柄，摇动后内柱会自动升降，内柱设有环钩，用来装置球网，球架外离地面200厘米处装有铁环，环的角度为20°，装上拉条后将花篮螺丝绞紧，外管才能屹立不动；当需要调节球网高低时不需放松球网，只需摇动铁柄，球网就能上升下降。

铁制活动式排球架的柱身高265厘米、粗5.2厘米，内柱长165厘米，粗4.1厘米，扎攀总长200厘米。

排球比赛时，男子网高243厘米，男子少年网高224厘米，女子网高224厘米，女子少年网高200厘米。

4. 羽毛球架

羽毛球架是羽毛球场地器材用品，打羽毛球时用来挂球网，也分木制和铁制两种。铁制羽毛球架由立管、底盘、拉条、拉链等部件组成。立管用无缝钢管或接缝钢管制成，底盘用熟铁或生铁制成，拉条、拉链用冷拔管制成，网架顶部有滑轮，腰部有紧绳轮和网钩。羽毛球架高155厘米，网的中心高度为152厘米。

5. 网球架

网球架是网球场地器材用品，打网球时用来挂球网，同样分木制和铁制两种。铁制网球架由立管、底盘、链条、地埋管、地埋板等部件组成，网球架分室内、室外两种。室内网球架柱高106.5厘米，立柱用无缝管，底盘用锻铁，使用时用链条固定，表面电镀或喷漆；室外网球架需地埋固定，全高181.5厘米，地埋部分75厘米，立管用接缝管，地撑部分加强板、支撑棍分别用角钢和圆钢，表面喷漆，地埋部分再涂沥青。网架顶部有滑轮，腰部分别有紧绳轮和挂网钩，球网中心高度为91厘米。

二、田径运动器械

田径运动器械可分为田赛器械和径赛器械两个大类，这是根据运动性质划分的。凡以走跑为主的项目，如竞走，短、中长跑、越野跑、马拉松跑、障碍跑（跨栏）和接力跑等属于径赛的范围；凡以跳跃和推、投、掷为主的项目，如跳高、跳远、撑竿跳高、推铅球、掷标枪、投链球等属于田赛范围。但在田赛中跳高，跳远和投掷等项目中也包括有用跑来辅助的，如径赛中的跨栏跑就会用跳来辅助。总之，田径运动是以走、跑、跳、掷等四个主要部分组成的全能运动。

田径运动器械项目较多，在田赛方面有铅球、铁饼、标枪、链球、跳高架、撑竿跳等；在径赛方面有栏架，起跑器等。本节讲述铅球、铁饼、标枪、栏架、起跑器五种。

（一）田赛运动器械

1. 铅球

（1）铅球的种类和规格

铅球按其用途可分为比赛用和教学练习用，比赛用铅球是以钢或铸铁为外壳，表面着上有一螺丝孔，由孔口灌入铅或其他金属使其达到规定的标准重量。它的特点是圆度正圆，重量标准，坚固耐用。教学练习用铅球系纯铅与杂铅混合熔炼而成。

铅球按使用对象可分男子用、女子用和少年用。

（2）铅球的原料和制造

铅球的主要原料是青铅和杂铅，辅助材料有银粉、红磁漆。铅球的制造过程如下：铅料—熔炼提纯—加热—浇模—初步整理—旋圆—校正重量—涂漆—检验—包装。

提纯的目的在于除去铅中杂质，然后以适当的配比混合，一般用青铅 30% 和杂铅 70%，青铅性质软韧而较重，杂铅性质脆硬而较轻，两相配比恰当就能保证产品质量，否则就会影响质量，如配比中杂铅过多，在使用中易碎裂，青铅过多，铅质过软，在使用中球面被碰伤，会使球型失去正圆。

（3）铅球的技术质量要求

铅球的技术质量要求必须符合专业标准的规定，球的圆度必须是正圆，不得有棱角及凹凸不平的现象,外观整洁光亮,色泽一致。

2.铁饼

(1)铁饼的品种规格和结构

铁饼的品种根据使用对象可分男子、女子、少年三类。由于男女体格和体力的不同,所以铁饼的规格如尺寸大小,厚度和重量等都有不同标准。

从上述规格标准中可以看出:铁饼的中心较厚,由中心到边缘须保持一定的坡度,愈往边缘愈薄,以铁圈边缘的厚度为最小,这样结构是为了便于运动员用手握持和投掷时用力。此外,由于铁饼的中心较厚,边缘较薄在掷出后向前飞行时可以减少空气的阻力,增加其滑翔性能。

(2)铁饼的原料及生产过程

铁饼的原料是根据品种不同而分类,铁饼品种主要分为铁木合制的铁饼、铝制铁饼、橡皮和全木铁饼四种。铁木合制中又分带螺丝和无螺丝两种,这两种属于比赛专用,其他供练习之用。

铁木合制铁饼的饼心,饼边和铆钉部分为铁制的,用熟铁围制或打制而成,不能以铸铁代用,因为铸铁性质脆硬,易于断裂。所用木材一般采用榆木、榉木或桦木,此类木质纹美质韧不易缩裂,对原木的选择以直径30厘米以上者为佳。为了使铁饼重量合乎标准,可在饼心内加灌铅液或铁砂。铁饼生产过程如下:

木芯制造的过程为:木材下料—自然干燥—烘烤—选剔—划圆。

饼圆(铁圈)制造的过程为:元铁裁料、烧红、砸扁、围圆、烧红、排圆、旋皮、打眼。饼心(铁心)制造的过程为:元铁裁料、烧红、焖铁、粗旋、打紧、细旋、套扣配螺丝、装配、削圆、磨光、上漆、整理、包装成品。

在生产中应注意的是:首先,边圈必须制得光滑匀净,不得有刺和凹凸之处,以避免运动员握持用力时擦伤手指;其次,在将木心套进边圈时,必须使木心两面都能与边圈的中心线恰好对称,不得有任何高低偏斜。铁心的位置也要居中,与铁饼的四周保持对称,这样,投掷时才能使作用力正好通过铁饼的几何中心,使铁饼在空中保持平稳沿着一定的方向飞进。

(3)铁饼的技术质量要求

根据掷铁饼运动的性质,对铁饼的质量要求应包括以下两个方面:

一是铁饼的规格必须符合国家体委审定的规定标准,其重量可用台秤称重;

直径可用钢直尺测量；铁饼中心和饼边的厚度用游标尺测量。检验中最重要的一项应是测定饼心与饼身四周边缘是否完全对称，即铁饼的重心和几何中心是否重合，如不合标准，即使它具有坚固的品质和光洁美观的外表也会使它失去使用价值。

二是对饼身所用材料的质量进行鉴定，通常用目力观察，饼身所用的木材有无伤疤、裂缝和凹凸现象，木心不得有补填及油漆掩盖毛病等情况，对于铁质的饼心、饼圈、梢钉和铆钉等应注意是否有裂纹、毛刺、砂眼等现象，梢钉或铆钉等应注意是否有欹侧外露，以及油漆是否光洁均匀、印字是否清楚齐整等。

3. 标枪

（1）标枪的品种规格和结构特点

①标枪的品种规格

标枪按照原料不同分为藤竹木合制标枪，全竹标枪、全木标枪、竹木合制标枪、全金属标枪5种。合制标枪有4～12拼多种。金属标枪和合制多拼标枪为比赛用枪，其他为训练或练习用枪。按使用对象可分为男子、女子、少年3种，所以在枪杆的长短粗细以及枪身的重量等方面都各有标准。

②标枪的结构和性能特点

标枪是由枪尖、枪杆和把手3个部分组成的，它的关键在于它的重心部位是否适当，以及它的体型是否合乎最小的阻力和最大的滑翔性能要求。标枪在飞进的过程中是沿着以枪杆的纵轴为旋转中心的自身旋转，并沿着作用力的方向前进的。标枪的自身旋转与标枪的稳定性关系很大，它能使标枪在前进中保持稳定的运动状态，减少因标枪的柔韧而产生的摇晃。

（2）标枪的原料、性能特点和生产过程

①原料

标枪是按照不同的品种而分别取材的。枪头多为镀镍或铬或上银粉漆，枪杆用油漆粉饰。

②性能特点

藤竹木合制标枪：具有质地坚韧，枪杆挺直，富有弹性，不易弯曲折断的特性。柳安木和桦木都是坚实耐用的木材，与藤竹合制成标枪弹性适度，经久耐用，符合比赛标准。

全木标枪：具有质地坚韧不易折断的特点，在制造中将两块木料中间挖空并用胶拼合制成，这样可以避免因受潮而呈扭曲现象，选用锻木、柳安木及白蜡杆制造比较合适。

两节式标枪：即在把手处切成两节，在把手处一圈螺丝，便于随时装配，携带方便。

③生产过程

标枪的生产过程为：劈开藤竹木—人工干燥—刨光—胶合—刨平—自然干燥—刨平锉圆—装枪头及校正重量—刷底色—绕把手绳—上漆打蜡—整理—检验—包装成品。

标枪的制造关键是结构设计和选料。所选的木料应粗细适宜，无大伤疤、疖子；竹料则应尽量采用靠外皮层。拼贴时用胶不应过多或过少，过多影响美观，过少则容易脱胶。脱胶现象的发生会跟胶的品质低劣、用胶不当和原料没有充分干燥等有关。

在装枪头及灌铅和绕握手线的工序中，必须注意全枪的重心是否平衡适当，以及把手线的部位是否适合握持和投掷时的初速用力。

最后一道工序是涂漆上腊，必须注意调匀和光滑，这不仅美观，还可以减少空气阻力。

（3）标枪的技术质量要求

标枪的规格必须符合国家体委审定的标准，鉴定时观察所使用的原料有无疤痕，损伤等情况，枪身是否平直有无弯曲现象，枪头的焊接处是否牢固，枪身的圆径以及流线型是否匀称，把手线的缠扎是否适合于握持及其重心位置是否恰当。

（二）径赛运动器械

1. 栏架

（1）栏架的品种规格

栏架是赛跑运动中的障碍器械，从原料结构上分铁制与木制两种，从用途上又分有三用栏架（高、中、低）和专用栏架两种。三用栏架可以调节高低，因而广泛使用；专用栏架供练习使用。

栏架的规格标准如下：

①栏架重量

栏架重量不得少于10千克。

②栏架高度

女用80米栏架高度为762毫米，女用100米栏架高度为840毫米，女用400米栏架高度为762毫米；男用110米栏架高度为1067毫米，男用200米栏架高度为762毫米，男用400米栏架高度为914毫米，男用110米栏架高度为914毫米。

③栏架宽度

栏架宽度为1200毫米。

④底座长度

栏架的底座长度为700毫米。

⑤栏架上框宽

栏架上框的宽度为700毫米。

（2）栏架的主要原料

栏架主要原料有黑铁管、松木板。栏架由两个底柱座和二根支柱焊接成一个长方形框子，上架由木板制成。主柱上装有铁箍，加强外柱的牢固性，柱上有孔洞附有弹簧销，便于升降调节。底座附装校正器，用以调节栏架升高降低的重心。

木制栏架上有铁条一根横贯二根立柱，柱间挖有凹槽，为调节高低之用。

（3）栏架的技术质量要求

栏架的规格标准必须符合国家体委的规定，特别是栏架的高度，长度和重量。原料的质量：木料应无疤疖、蛀孔、劈裂，铁管表面应无裂缝；加工焊接要求焊缝牢固、均匀、平整，升降机构配合要灵活。

2. 起跑器

（1）起跑器的品种规格

起跑器为辅助短距离起跑用的一种用具，从原料上分有铁制、木制和铁木合制三种，从形式上分折叠式和单式两种。

（2）起跑器的结构特点

铁脚与尾巴均用30毫米圆铁打成下端尖状，前钉脚比中后钉脚长10毫米，因起跑用力蹬抵时，前钉着力部分比中后钉大些。尾巴弯成90度角，使之能自由折叠。底脚板、抵趾板都用2.5毫米铁板冲成，加上尾巴，拧住螺丝，折叠自如。

（3）起跑器的主要技术质量要求

起跑器主要要求的是铁板的厚度、钉脚的牢固度以及折叠是否灵活、喷漆件是否光滑美观。

三、体操运动器械

（一）体操运动器械的品种规格和性能特点

体操运动是一项全身富有节奏感的运动，能锻炼人们的腾跃能力、盘旋能力和平衡能力，是人们的意志和力量的体现。

体操运动分为徒手体操和器械体操两种，而器械体操则必须依靠各种不同器械来进行运动。体操器械品种繁多，主要有单杠、双杠、高低杠、吊环、平衡木、跳马、鞍马等七种。

1. 单杠

（1）单杠的品种规格和结构特点

单杠是体操器械中主要品种之一，单杠运动的基本动作就是人体绕着单杠进行旋转的动作（如迴转、转体、倒立等）。单杠的基本结构是由两根立柱为架，中间架一根横杆构成。单杠主要分为木制单杠和铁制单杠两类。铁制单杠有活动式、双联式和固定式等多种。

主柱包括立轴、锁母、锁轴、立管、底座、肢垫等。为使单杠稳固在地面，立柱下端各装有一铸铁底盘（座），盘下有地钉，防止立柱滑动，四周用铁链拉条及三角铁插各四根与地面固定，立柱的升降高度是通过立管上的控制螺丝（销钉）和立轴的眼孔来调节，立柱升降间距为10厘米。

（2）单杠的原材料

按使用性质不同分为竞赛用和普通练习用，因此在原料要求上亦有所区别。

竞赛用：横杠用弹簧钢，立管用直径40～50毫米的无缝钢管，立轴用直径28～30毫米的圆钢，表面镀镍或镀铬，底座用锻件或铸件，拉链拉条都用盘圆钢，表面镀锌。

普通练习用：横杠用弹簧钢或中碳钢，立管用直径40~50毫米的钢管，表面涂漆，立轴用直径28~30毫米的圆钢，表面镀锌或镀铬，拉链拉条用盘圆钢，表面涂漆，底座用铸件。

（3）单杠的主要技术质量要求

横杠表面必须纵向磨光，不允许有麻点、锈斑、裂痕、杂质等缺陷；横杠热处理后杠面（静）载荷：成年用横杠承受360千克负载时，少年用横杠承受300千克负载时，下垂150~170毫米。当取消外力时，竞赛用横杠变形不超过1毫米，普通用不超过3毫米。

拉条拉链焊接牢固，拉力不低于600千克。

注意连接部位和对称部位的互相关联和一致性，横杠和杠托、立轴和锁母、立柱和底座等互相配合严密，使用灵活。松紧器也要使用灵活。

电镀件要求镀层结合牢固，并达到一定的防锈能力。

油漆件要求均匀一致，无缕漆、露底等。

2. 双杠

（1）双杠的品种规格和结构特点

①双杠的品种

双杠是体操器械中主要的品种之一。双杠是以四根立柱和底座为支柱，上面架设两道平行的杠面而成。双杠也分铁制和木制两种。除杠面是木制的外，其他部分均系铁制的为铁制双杠；杠面及其他部分都是木制的为木制双杠。

②双杠的结构

双杠按其结构可分为活动式和固定式两种。铁制活动双杠按其构造不同又可分为混合式、轻便式、固定式多种。木制双杠可分为移动式和固定式两种。此外还有一种专供青少年使用的儿童双杠。现简要叙述如下：

A. 铁制活动双杠

混合式双杠：是仿照国外常用的各种双杠式样和特点制成的，造型比较大方美观，使用灵活，适宜一般学校等单位使用。

轻便式（又叫八字脚式）双杠：底座由铸铁制成，形成八字，构造比较简单，可以升降，可做一般练习用，由于底座较轻，不宜做难度大的动作。

固定式（又叫埋地式）双杠：这种双杠分升降和不升降两种。升降是采用黑铁管做主管，主轴用圆钢制造，外管上有贯穿的洞孔级数，便于升降。不升降的双杠用黑铁管作为立柱，埋入地下时必须根据需要固定其适当的高度。固定式双杠构造简单经济耐用，使用较为普遍。

B. 木制双杠

木制双杠分为移动式和固定式两种，两者都不能升降。移动式除四根立柱外，底座是最主要的重心，必须采用较坚实而粗重的木材制成，使杠身稳定，运动时不会摆动，宜于室内练习。固定式一般安装室外，按需要定杠高，并列装置，便于集体训练。

（2）双杠的结构特点

铁制活动双杠构造主要由杠面、杠托、弯头、立轴、立管、底盘、手轮（或松紧把）等部件构成。

活动双杠的升降范围有的最高可升至270厘米，有的最低达120厘米，但均可调节到160厘米的标准高度。一般底座长300厘米，宽130厘米。其他部件不强求一致。

各种双杠的用料和式样虽不一致，但关键是杠面必须坚韧平直，富有弹性，粗细均匀合适，两根杠面必须平行，保持固定的间距，四根立柱必须坚固挺拔，与底座保持垂直，底座部分必须平稳，能够稳固地承受运动时难度较大的动作加于杠面的力量。

（3）双杠的主要原材料

双杠的使用性质不同，因此在选用材料上要求亦有所不同。

竞赛用：杠面为木质，主要使用水曲柳或其他有弹性的材料，中间嵌有直径为22毫米经热处理的弹簧钢；立管为直径50～60毫米的无缝钢管；立轴为无缝钢管或四钢；拉板为10～12号槽钢；底座为铸铁件。

普通练习用：杠面为木质，主要使用柞木、水曲柳或其他有弹性的材料，中间嵌有直径为22毫米经热处理的弹簧钢；立管为直径50～60毫米的普通钢管；立轴为圆钢拉板：10～12号槽钢；底座为铸铁件。

（4）双杠的主要技术质量要求

杠面：表面光滑平直，不允许有硬棱及粗细不匀的现象，无裂缝，无疤节，无腐朽，杠面静载荷150千克时下垂60～95毫米。当取消外力时，竞赛用要求不变形；普通用要求变形不超过 3 毫米。杠面木质材料投产时含水率北方地区不高于 12%，南方地区不高于 18%。

电镀件：镀层结合牢固，无露底和起泡现象，达到一定的防锈能力要求。

油漆件：色泽均匀一致，无皱纹，无漆缕，脏点和露底。

底座、立管、锁紧帽要配合牢固；杠托、杠托轴、弯头要配合紧密；锁紧部位使用灵活，坚固耐用。

3.高低杠

（1）高低杠的品种规格和结构特点

高低杠是女子体操运动中的专用器械之一，分铁制和木制两种。铁制高低杠是活动的可以升降的；木制高低杠又分为移动式和固定式，一般固定式安装于室外，且与移动式木制高低杠一样，高度都是固定的。

高低杠的结构原理与铁双杠相同，主要区别在于高低杠的四根立柱两根高两根低。因此，两根杠面架设在立柱上，形成了高低杠，目前有的高低杠将高杠立柱上的弯头杠托部分改用垂直固定式，不起调节宽窄作用；低杠立柱部分仍用弯头调节宽窄，控制肩距的宽度，因此使用较为方便。立柱外面用钢管支撑，加强了立柱和杠面的稳固性。如果将低杠升高，高杠降低，则高低杠可兼作双杠使用。

（2）高低杠的主要原材料

竞赛用的高低杠和普通练习用的主要原材料基本相同。杠面材料用柞木、水曲柳或其他有弹性材料，杠面内嵌有经热处理直径 22 毫米弹簧钢，立管用直径 45~55 毫米的无缝钢管或其他材料，立轴用无缝钢管或圆钢。底座用铸铁或槽钢。涨线用直径 4.5~6 毫米的钢丝绳。

（3）高低杠的技术质量要求

①杠面

要求杠面静载荷 150 千克时，下垂 70~100 毫米；取消载荷后不变形，普通用变形不超过 3 毫米。杠面不允许有硬楞及粗细不均现象，普通用在中段 1.5 米以外的杠面两端允许有直径不大于 8 毫米的活树节，但一根不得超过三处，竞赛用杠面不直度允差 3 毫米，（普通用不直度允差 6 毫米）。

②杠宽调节器

杠宽调节器要使用灵活,刻度准确,其他零部件配合紧密,使用灵活。

③杠面材料投产时含水率

要求北方含水率不高于12%,南方不高于18%。

④电镀

镀层结合牢固,光洁度在10级以上,镀层色泽一致,无露底起泡现象,达到一定的防锈能力。

⑤喷漆或烤漆

色泽均匀无漆、脏点、露底。

⑥拉链

拉链的拉力不低于600千克,松紧器使用要灵活。

4. 平衡木

(1) 平衡木的品种规格和结构特点

平衡木是女子体操运动中专用器械之一。

平衡木的平面都是木制的,但底座和支柱因所用的材料不同,分铁制和木制两种。按结构分升降和不升降两种,其中又区分为移动式和固定式。

平衡木的结构部件由横梁、立轴、立管、底座、克崩等构成。平衡木的横梁用多层木板拼成,其优点是木面平整,不易裂缝,很少出现翘歪现象,因此适宜于比赛之用。横梁也有用整块木料或镶接的,日久容易发生翘裂,供一般练习用。

平衡木的立柱起支撑横梁的作用,立柱的位置必须与横梁的两端保持一定的距离,支撑中心距为3500毫米,以保证人在横梁上运动时,不会翘起和摇摆不稳。铁制平衡木立柱下面的底盘一定要保证重心的稳定,木制的立柱必须利用较坚实的硬木作为底座,以保证平衡木的平稳牢固。升降平衡木的立柱由内外套管由钢管和圆钢制成,升降方法与其他体操器械相同。

(2) 平衡木的主要原材料和生产过程

横梁用多层木板拼成或用红松木镶接(高级品采用1~2级,普通用2~3级)。升降结构中,立柱用圆钢,立管用钢管,托板用铸铁或钢件,底座用铸件(亦有一种用钢管作为底座)。

生产过程包括木材烘干，下料，刨光，拼粘，定型，打磨，包毛毡等，底座进行铸铁，高级品底座及升降管均进行电镀。

（3）平衡木的主要技术质量要求

横梁面平整，黏合牢固，涂漆件色泽均匀一致，不能起泡、皱纹、脏点、漆缕等；电镀件镀层结合牢固，表面光亮，无露底、泡起，并达到一定的防锈能力。

根据技术质量要求要进行平稳度试验，木材含水率试验，横梁载荷试验，电镀层结合强度试验，电镀层光亮度试验及防锈能力试验等。

5.吊环

（1）吊环的品种规格及结构特点

①吊环的品种规格

吊环是体操器械中主要品种之一。吊环是通过梁架中部下悬钢绳套上皮革带或胶布带装上吊环而成。吊环的立柱和横梁根据所用原料不同分铁制和木制两种，其中又有室内和室外两种。环圈有木制、竹制、胶木三种，其中胶木环圈一般为练习之用。

②吊环的结构特点

铁制吊环主要由下列部件组成，包括：环架（立柱和横梁）、底座、钢丝绳、皮革带（或其他材料）、木吊环圈、拉条、铁插等。

用钢管作立柱和横梁，立柱下端装有一对铸铁底座，铁架用链条和四根涨线相对拉住，保持架身平稳，架上还装有钢丝绳铁链，有的装有滑轮，通过滑轮可以调节上下。

（2）吊环的主要原材料

吊环的环架用直径65～70毫米的无缝钢管制造，环绳用直径5～6毫米交互捻型钢丝绳，涨线用直径4.5～6毫米钢丝绳，环带用牛皮革或其他材料，环圈用水曲柳或其他材料。

（3）吊环的技术质量要求

环带要承受400千克静载荷时不断裂；环圈要承受静载荷300千克时不开胶；接头装置要承受静载荷600千克时，不脱扣、不断、不裂；钢丝绳、拉链、松紧器承受拉力不低于600千克。松紧器使用灵活。

电镀件镀层结合牢固，光亮一致并有着一定的防锈能力。

外观上环圈要光滑圆顺，黏合严密牢固，喷漆和烘漆色泽均匀，不起泡，无皱纹，漆缕等。

根据技术质量要求要进行环圈载荷试验；钢丝绳接头装置拉力试验；木环含水率试验；电镀结合强度、光亮度及防锈力试验等。

6. 鞍马和跳马

（1）鞍马和跳马的品种规格和结构特点

①鞍马和跳马的品种规格

鞍马和跳马在结构上有许多共同点，两种器械都分为铁制和木制。支腿用铁制的称为铁制，支腿用木制的称木制。支腿下部装有弹簧销子，用以调节高低。马身一般都用牛皮或人造革，优点是耐磨而又美观。鞍马带有两个鞍环，可以调节肩距宽窄和自由拆卸，并可兼作跳马使用。

②鞍马和跳马的结构特点

鞍马和跳马在结构上基本相同，由马身，支腿，蹄形的支腿和升降器组成。不同的是鞍马上装有一对鞍环，环可以卸下，卸下后便成了跳马。

鞍马和跳马的马身外面一层是皮革或人造革，内衬海绵，棕丝，竹丝，棉胎等。要求有一定的弹性，马身要平稳，运动员在翻腾越跨时，不会摇动，不致受伤。

（2）鞍马和跳马的主要原材料

马身的木胎用杂木，马身的面子用牛皮革，人造革，夹层用海绵，棕丝，毛毡，棉胎等。马腿的外管和内管用钢管，蹄用铸铁件。

（3）鞍马和跳马的主要技术质量要求

鞍马和跳马四蹄着地平稳，不准有翘棱现象，马身要软硬一致，有一定的弹性，马面不平度不大于2～3毫米，马腿内管与外管配合严密，升降灵活，鞍环必须牢固，不动摇，与马身垂直，为使鞍环达到地区间的互换性，其主要尺寸均有规定。

皮面色泽一致，不允许有刀伤、虫眼。木材投产时含水率要求北方不高于12%，南方不高于18%。油漆色泽均匀、无漆皱纹等。电镀件镀层结合牢固，光亮一致，具有一定的防锈能力。

根据技术质量要求要进行弹性试验，平稳度试验，电镀结合强度及防锈力试验等。

体育器械中的跳跃器又名山羊，其结构和鞍马基本相同，但马身较短，其长度小于鞍马的 1/2，为 60 厘米。在部件、用料及结构上无多大差别，在此不再叙述。

（二）体操运动器械的制造和质量关系

1. 铁制器械的主要生产过程和质量关系

一般铁制器械的制造可分为三个阶段，即备料、制件和装配。

备料是指按照器械各部件规格的要求准备各种原材料。

制件是指按规定的部件尺寸加以翻砂，锻制，车，刨，铣，钻孔，电镀等使之成件装配。制件工作是分组进行的，各个部件制成之后，即行装配。

装配有两种，一种是试装配，即检查各部件的尺寸公差，试验各关节是否紧密配合；另一种是组件装配，即互相连接部分的装配。装配工作要注意连接部件和对称部件的互相关联的一致性，如双杠中立柱和杠托的关系，杠托与杠面的关系，立柱与底座的关系，单杠中横杠与立柱的关系，木马的腿和马蹄的关系等均为连接部分必须互相紧密配合，过紧过松都严重影响质量；有的部件是互相对称的，如单杠的两支立柱与调节高低的孔眼必须高低相等；木马的支腿以及双杠的杠面长短不齐或钻孔的尺寸部位不对称造成杠面歪斜均不符合质量要求。

2. 木制器械的主要生产步骤和质量关系

木制器械的主要生产步骤为配料、粗刨、划线、凿榫、细刨、装配、油漆和整理等工序。划线凿榫是主要工序，必须划线准确，裁锯正确，凿标精确，各部件紧密切合。

在制造中对木材的选择要注意以下三个方面：

（1）木材的干燥程度

各种木料的干湿程度往往不一致，潮湿的木料是不允许使用的，在制作前对木材进行严格处理，否则成品会产生弯曲及翘起现象严重影响质量。

（2）木材的完好程度

木材不得有伤疤、木节、蛀孔及裂缝等情况，否则坚固程度就大为降低，而且在运动时可能发生事故。

（3）木材的长短大小和厚薄

木制体操器械各个部件的木料的尺寸应符合规格的需要，如因原木的尺寸过小或过短而采取不正确的拼接方法时，必然会影响器械的坚固性。

3.铁制、木制器械的质量鉴别

铁制、木制器械的鉴别分感官鉴别、规格衡量和效能鉴定三个方面。

感官鉴别是依靠感觉器官仔细观察，如双杠的杠面虽然没有发现明显的伤损但对木料的纹路是否顺直，疖疤的大小和所在的位置都应引起重视；规格衡量通常使用皮尺，钢尺和游标卡尺等，根据标准规定的尺寸进行衡量，检验是否在允许误差之内。效能鉴定是通过实际安装和感官鉴别之后进行。鉴定的项目较多如双杠的两根杠面是否在同一水平上，四根立柱升降是否灵活，高低幅度是否协调、对称，肩距是否一致，底盘是否平稳，孔眼的适度，铣槽的深浅宽狭以及负载重量都要进行实际使用鉴定。

据上所述，可知体操运动器械的生产是要求很高，技术性强的一项工作，是不能粗枝大叶的，要具有一丝不苟的精神，必须坚持质量第一的方针，为此在生产中要做到科学的质量管理，先进的技术水平，严格的工艺要求，只有这样才能生产出优良的产品。

第二节　体育用品产业相关概念

产业（industry）在中文和英文字典中的解释有："工业""部门""行业""家业"等。释义主要包括：以创造价值为目的所做的有组织的系统劳动；从事商业，或是制造业有关的企业或部门；以生产为目的，或者盈利为目的的部门；工业、行业等。

经济学中，产业或者行业的释意是，一切从事相同性质经济活动的企业或部门总和。主要指具有同一产品市场、相似的技术工艺和原材料的企业的集合。产业似乎是一个弹性很大，边界漂浮不定的概念，大到国民经济部门，小至生产具有密切替代关系的产品和服务的企业群都可以称为产业。行业的划分一般是按照产品的用途、原材料、生产工艺的性质划分。目前，国际上通行的是按照经济活动同质性原则划分行业，即每一个行业类别都按照同一种经济活动的性质划分。

一、国家标准中的体育用品业

伴随着我国加入世界贸易组织（WTO）这个契机，我国逐渐和国际世界接轨，融入经济全球化浪潮中。工业管理业日渐成熟，采用先进的国际标准，力求融入世界标准。2002年5月，国家统计局重新修订的《国民经济行业分类》（GB/T4754-2002），获得国际市场监督管理总局的批准。该国家标准适用于计划、统计、财政、税收、工商行政管理等国家宏观管理和部门管理。新标准按照国际通行的经济活动同质性原则划分行业，与国际标准产业分类（ISIC/Rev.3）（第三版）实现了兼容。体育用品制造业（242）被列在制造业门类（C）的文教体育用品制造业（24）大类中。[①] 这一部分体育用品的生产制造被国家正式纳入国民经济核算体系，我国官方有关体育用品业的各种经济指标统计也只是这一部分数据，它包括以下四个小类：

（一）球类制造

球类制造指各种皮制、胶制、革制的可充气的运动用球，以及其他材料制成的各种运动用硬球、软球等球类产品的生产。

1. 可充气球类

可充气球类包括足球、篮球、排球、手球、水球、橄榄球等。

2. 其他球类

球类还包括乒乓球、台球、羽毛球、网球、高尔夫球、门球、棒垒球、保龄球等。

（二）体育器材及配件制造

体育器材及配件制造指各项竞技比赛和训练用器材及用品，体育场馆设施及器件的生产。

各种竞技比赛器材：球类器材、体操器材、田径器材、举重器材、水上运动、冰雪运动以及射击、射箭、击剑等运动器材。

各种竞技比赛用品：乒乓球拍、网球拍等。

其他体育器材：武术器材、登山野营等其他运动用器材和用品等。

---

① 国家统计局.2017国民经济行业分类注释[R].北京：中国统计出版社，2018.

训练辅助器材：裁判用记分器；体育场馆设施及配件，如合成跑道、拳击台、举重台、游泳池设备、摔跤垫、柔道垫等。

不包括：

各种球的生产，列入 2421（球类制造）。

裁判用计时秒表，列入 4130（钟表与计时仪器制造）。

体育终点裁判照相机的制造，列入 4153（照相机及器材制造）。

训练、健身器械及用品制造，列入 2423（训练健身器材制造）。

休闲娱乐器材及用品制造，列入 2452（游艺用品及室内游艺器材制造）。

各种球网的生产，列入 1755（绳、索、缆的制造）。

（三）训练健身器材制造

训练健身器材制造指供健身房、家庭或体育训练用的健身器材及运动物品的制造。包括各种电动训练、健身器材及用品；各种非电动训练、健身器材及用品。

（四）运动防护用具制造

运动防护用具制造指用各种材质，为各项运动特制手套、鞋、帽和护具的生产活动。包括：

运动专用手套：拳击手套、棒球手套等。

运动专用帽子：棒球帽、垒球帽、冰球帽等。

运动专用鞋：冰鞋、旱冰鞋等。

运动专用各种护具：护腿、护膝、护腕、护肘、击剑面罩、垒球护具、冰球护具等。

不包括：

运动跑鞋、足球鞋的制造，列入 1921（皮鞋制造）。

其他体育用品制造（2429）：指钓鱼专用的各种用具及用品，以及上述未列明的体育用品制造。

二、国际标准中的体育用品业

联合国统计署 1992 年修订的 ISIC Rev.3.1 code 92《国际标准产业分类法》

（intenational standard industrial classification），体育用品业（3693-Manufacture of sports goods）被列在制造业（D）家具制造和不另分类制造业（36-Manufacture of furniture；manufacturing n.e.c.）之中。它包括：体育、室外、室内游戏器材设备制造，例如：硬质、软质和充气球；球拍、球棒；滑雪展扣件、其他滑雪用具；帆板；钓鱼竿、其他钓鱼用品；狩猎和登山用品；运动用手套和帽子；溜冰鞋；弓箭及弩等；体操、健身中心及装备。不包括：划船、划艇，运动服，赛马用品，运动鞋，射击用品，运动用交通装备，运动用快艇，台球、保龄球用品；马术运动用品。

三、我国轻工业系统中体育用品业

在我国，大部分的体育用品类属轻工产品，归入轻工系统行业管理中，有自己的行业协会——中国文教体育用品协会。它是经民政部批准的国家一级协会。该行业协会属全国性行业协会组织，集合了我国文化教育类和体育、休闲类的用品、装备器材类等近七百家生产经营企业。在《中国体育及健身休闲用品行业指南》的行业分类目录中，2004年中国轻工业信息中心对体育用品业进行了如下分类：

（一）体育用品制造业

体育用品制造业包括球类制造业，体育器材制造业，体育服饰业，裁判教练用具、运动护具，体育场馆铺设设施，其他体育用品制造业，原材料及零配件等。

（二）健身器材制造业

健身器材制造业包括健身娱乐休闲器材和用品，体疗康复器材和用品。

（三）游艺器材制造业

游艺器材制造业包括各种游戏、游艺娱乐用品等。

（四）旅游休闲用品制造业

旅游用品制造业包括旅游野营器材装备，狩猎、棋牌类项目的各类用具，钓鱼及水上运动项目的各类器材装备及用品等。

四、体育用品业的地位

在20世纪60年代,随着全球经济和社会的蓬勃发展、人们生活水平的提高以及休闲时间的延长,体育产业得以迅速兴起。20世纪80年代,我国开始引入体育产业。当前,从广义上来说,体育产业是指和体育相关的所有生产以及经营活动的总和,包括有形的体育产品、无形的体育服务与劳务提供等;最基本的体育行业包括体育健身业、体育竞技业、体育用品业、体育服饰业、体育博彩业、体育传媒业、体育饮品业等。而与体育用品有关的制造业,通常被称为体育相关产业。

一位来自美国的名叫埃尔菲·迈克的学者认为体育产业由三部分构成,一是供人们消费和娱乐的体育活动;二是提供体育用品与服务,如生产、设计、销售体育服饰与体育器材;三是协助体育行业成长的组织,如体育协会、体育法律援助组织、体育营销组织等。[①] 日本的《余暇白皮书(White Papers on Leisure)》对体育产业提出这样的定义:体育产业由体育用品、体育服务、会费三个大类组成。来自日本早稻田大学的学者宫内孝典在其著作中提出这样的说法,体育产业包括两大部分——体育硬件与体育软件。其中,体育硬件又包含体育制造业者与体育领域的供给者;体育软件指的是,体育用品、体育信息和运动定向服务。朴英玉是一位来自韩国的学者,他在文章《韩国体育产业和供给政策》中指出,体育产业其实就是一切和体育活动、体育消费有关联的商品和服务的生产与销售。世界上一些国家,如美国、日本等都将体育用品产业纳入到体育产业之中。在我国,1995年6月16日原国家体育运动委员会下发了《体育产业发展纲要》。"我国体育产业包括三大类别:第一为体育主体产业类,指发挥体育自身的经济功能和价值的体育经营活动内容,如对体育竞赛表演、训练、健身、娱乐、咨询、培训等方面的经营;第二为体育活动提供服务的体育相关产业类,如体育器械及体育用品的生产经营等;第三为体育部门开展的旨在补助体育事业发展的其他各类产业活动。""发展体育产业的目标:争取用15年左右的时间,逐步建成适合社会主义市场经济体制、符合现代体育运动规律、门类齐全、结构合理、规范发展的体育产业体系。重点培育和发展体育健身娱乐市场、体育竞赛表演市场、体育人才、技术信息市场和体育用品市场等,促使体育的有关固定市场与流动市场、国内市

---

① 蔡宝家.区域休闲体育产业发展研究[M].厦门:厦门大学出版社,2017.

场与国外市场等各级各类市场充分发展，初步形成符合我国国情、比较健全而完善的体育市场体系。"这些都明确说明了体育产业包括体育用品产业。我国体育用品产业相对于体育竞赛表演业、体育健身娱乐业等的发展，起步早，发展速度快，也相对成熟，形成了比较完整的产业体系，就其产值而言，在我国体育用品产业中占据主要地位。

在我国，并非按照产品进行产品分类，也并非根据某种因素，如编制、会计制度等进行划分，而是法人或其附属单位，即产业活动单位来履行产品分类的职责。有些单位，可能不只生产一种产品，对于他们的行业归属，首先会按照其主要经济活动进行划分，也就是说那些销售和生产份额所占比例比较大的活动；其次是按照销售或营业收入，或是从业人员性质来确定所属行业；最后，按照单位主要生产的产品进行划分，将其放入相应的产业领域，这种产品和行业领域的关联一般是固定的。并且这种划分方式，划分出来的产业部分属于企业部分，而非产品部门。一项产业，会同时生产多种产品；一种产品，可能会由不一样的产业部分分工生产，协作完成。在我国的《国民经济行业分类》中，体育用品制造被归入到制造业的30个大类中，但在制造业的其他大类中，例如，饮料制造业（15）；纺织业（17）；纺织服装、鞋、帽制造业（18）；皮革、毛皮、羽毛（绒）及其制品业（19）；印刷业（23）；橡胶制品业（29）；交通运输设备制造业（37）；仪器仪表及文化、办公用机械制造业（41）都有含有体育用品，具体品种如下：茶饮料及其他软饮料制造（1539）中包括运动饮料；各种球网制造（1755）包括足球网、排球网、羽毛球网等；纺织服装制造（1810）单件和成套生产的体育运动时穿着的服装，包括各式运动服、游泳装、滑雪服等针织的田径服、滑雪衫及其他制品；鞋制造（1921）包括：运动跑鞋、足球鞋、运动鞋和旅游鞋的制造；扑克纸牌的印刷（2319）；露天游乐场所游乐设备制造（2451）包括：秋千、跷跷板、悬梯；游艺用品及室内游艺器材制造（2452）包括：游艺娱乐设备及器材；弹球桌、台球桌、保龄球设备及器材、飞镖等；游艺娱乐用品：围棋、象棋、麻将牌、各种娱乐棋牌类，以及其他游艺娱乐用品；橡胶零件制造（2930）包括：橡胶异形制品，如乒乓球拍胶面、杠铃盘、橡胶脚蹼等；胶靴鞋制造（2960）包括：网球鞋、篮球鞋、体操鞋、训练鞋等类似运动鞋；滑雪靴、越野滑雪鞋；车辆整车制造（3721）雪地行走专用机动车、高尔夫球机动车及类似机动车；运动摩托车、运动及竞赛型自行车；特种型（杂技、健身等特制）自行车；乐船和运动船的建造和修理（3753）指游艇和用于娱乐或运动的其他船只的建造与修理。包括：划艇、单人艇、赛艇、帆船；各种游艇、汽艇、钓鱼船和其他娱乐船；用于体育运动或其他用途的各种飞机及其零件的制造和修理活动（3761）。包括：供娱乐、体育运动使用的飞机等滑翔机等；裁判用计时秒表（4130）；体育终点裁判照相机、摄像机的制造（4153）。

五、我国体育用品产业的行业管理

在我国，轻工（体育器材）、纺织（运动服）、化工（运动鞋）以及汽车、兵器、船舶、建筑等部门负责管理体育用品的生产，而体育用品的标准和产品审定则归体育总局下设的体育器材设备审定委员会、国家体育用品质量监督检验中心等，体育管理部门进行管理。根据国务院印发的《关于印发国家体育运动委员会职能配置、内设机构和人员编制方案的通知》中的规定，国家体育总局要研究制定体育经济和经营活动的政策法规，归口管理体育市场，是体育用品行业标准（行业标准代码TY）归口管理部门，国家体育总局所属和管辖的各单项运动协会对其比赛用的器材设备需要进行审定才能正式用于比赛。体育用品管理部门会制定各种制度、法规，对体育用品进行规定，包括但不限于乒乓球的大小、颜色的变化、健身路径和软式排球的推广，这些制度法规对体育用品的生产和销售产生一定影响。20世纪80年代末，原国家体委颁布了一项《体育器材设备审定办法》，该办法赋予体育运动各级各类管理部门对体育用品的生产、经营和使用进行管理的职能。1995年，"国家体委体育器材设备审定委员会质量检测中心"正式成立，随后，经过国家技术监督局的正式授权，成立了"国家体育用品质量监督检验中心"，其职责是负责全国范围内的体育用品质量监督管理工作。但是，鉴于我国实际情况，"国家轻工业局文体用品质量监督检测中心"作为一家专业的质量监督管理机构，它还承担着轻工行业文体用品的质量监督管理职责。除了国家标准外，我国目前所采用的体育用品标准均为轻工行业标准（QB、QB/T）。2001年由中国标准出版社出版的《中国轻工业标准汇编》，包括玩具、家具、制鞋、日用五金、洗涤用品等15卷，其中体育用品的标准单列一卷《中国轻工业标准汇编体育卷》。

在轻工业的22个大类45个行业中，涉及体育用品的行业协会数量超过10

个,这些行业的品种繁多、类型多样。包括有:中国自行车协会(山地、公路自行车等)、中国钟表协会(秒表等)、中国文教体育用品协会(体育器材)、中国针织工业协会(运动服装、护具等)、中国鞋帽工业协会(运动鞋等)、中国橡胶工业协会(胶底运动鞋等)、中国皮革工业协会(各种球类等),此外还有国家相关部门或组织建立的专业体育社团、国际组织以及一些地方政府设立的行业协会等等。这些行业协会所管理的主导产品中,体育用品的比例相对较低,且其受到的重视程度有限,因此各行业在体育用品管理方面面临着一定的挑战。由于体育用品的消费者主要是从事体育运动的人,他们需要将其应用于体育运动实践过程中,因此对其产品提出了专门的要求,特别是竞技比赛用的体育用品,需要遵守其特殊的标准和严格的规定。此外,规定也在随着体育运动项目的变化,以及一些规则的变化而不断改变,对于其他行业来说,及时把握和适应这些变化是十分困难的。

1993年,由原国家体委牵头,中国文教体育用品协会、中国针织工业协会等七家与体育用品有关的单位联合发起,经民政部批准,中国体育用品联合会应运而生,于2001年1月17日正式加入世界体育用品联合会,该联合会下设运动器材专业委员会、运动服装专业委员会、运动鞋专业委员会、场馆设备专业委员会。联合会致力于加强对体育用品业的行业监管,以进一步提升行业协会的职能;规划行业的未来发展方向;确立行为准则,强化自我约束;在推广新产品和新技术、协调企业间关系、促进国内外交流与合作等方面,该协会付出了大量的努力。

第三节　我国体育用品产业发展历史

我国是有着悠久历史的文明古国,有着丰富和灿烂的民族传统体育。随着社会生产和生活方式的演变,古代早期的体育作为一种社会文化活动应运而生,并与生产、军事训练、教育、宗教等活动紧密相连。通过研究我国古代体育用品的演变历程,我们不仅可以探索器物文化的发展规律,同时也可以发现体育用品与社会经济、政治、文化以及人的个性发展之间的普遍联系,从而推动现代体育用品的研发和制造。依据对古代民间传说和文物的记载考证,我国在夏商、西周时期就出现了射箭、御车、武舞、骑术等体育运动。春秋战国时期出现了蹴鞠、投壶、围棋、象棋、秋千、竞舟等运动项目。秦代剑术、刀术的兴起。隋唐时期击鞠、毽球的盛行。体育用品是与体育运动项目相伴产生的，我国最早的体育用品弓箭、刀、枪、剑、围棋、象棋、秋千、毽球等就是与我国这些民族传统体育运动相伴产生的。在传统的农业社会里，在以自给自足的自然经济的条件下，体育用品的生产制造，起初多数是自己动手制作，随着运动项目的普及，参加运动的人越来越多，社会需求越来越大，于是也就有了专门生产这些体育用品的手工作坊和专门销售这些用品的店铺。如唐代的长安，集市上还有制作、出售刀、枪、剑的铁匠铺，有制作、出售毽子、棋子的杂货铺等。

在我国的历史发展演变过程中，体育用品的种类和形式都经历了从单一到多样、从简单到复杂的演变过程；随着社会生产力水平的不断提高和社会进步，体育用品的应用范围已经从最初的生产、军事和宗教等领域扩展到了文化、教育、娱乐、游戏、竞技和养生等多个方面；从最初直接利用自然物品开始，体育用品的生产已经转向了专门的制造业加工生产，以满足日益增长的需求。主流的体育用品广泛应用于统治阶级、军队士兵以及从事体育职业的人，而在民间，人们通过辛勤劳动，创造出一些简单的体育用品，以供放松、娱乐和游戏活动之用。

一、古代的体育用品

（一）史前时期的体育用品

在史前时期，我国体育活动的竞技性形式与生产、军事、宗教等方面的活动交织在一起，由于体育尚未形成独立的形态，因此无法被视为"体育"的正式产生或萌芽。当时的体育器材仅限于对劳动动作的模仿以及出于身、心需要的自发的简单娱乐，而在劳动、战争、祭祀活动工具中，出现了体育器材的雏形。因此，体育器材常常被混合使用到不同地方。体育器材所采用的主要原料源自大自然的天然物品，如石头、木材等，这些物品还要经过一定的处理，如砍伐、磨合、削折等，才能被作为体育用品使用。几乎所有社会成员都可以制作简单工具，如砍砸器、刮削器、弹射器和投掷器等，并将其使用在日常生活中。当人们有意识地进行体育锻炼的时候，这些本该用于生产、军事、宗教的工具，就成为他们唾手可得的体育活动器材。在闲暇之时，人们聚在一起，手握干戚和羽毛，模拟生产劳动、动物活动和自然变化,以舞蹈和游戏的形式表达自己的情感和对大自然的敬仰,这就是早期体育活动表演。在规模较大的宗教活动中,常常有大量体育表演。在原始社会后期,随着人类生产进步,涌现出一些数量不多的专用体育设备。比如,传说中的"击壤"活动,就有了专门的"壤"。三国魏邯郸淳在《艺经》中记载说:"壤以木为之,前广后锐,长尺四,阔三寸,其形如履。将戏,先侧一壤于地,遥于三四十步以手中壤敲之,中者为上。"这类"壤"类似于现在的鞋子,前面稍宽,后面窄。长约一尺四,宽约三寸,是一种专门用于"击壤"活动的设备。

(二)商周时期的体育用品

随着人类使用生产工具的进步,我国商朝、周朝涌现出了种类繁多的青铜武器,如戈、矛、剑、戟、斧等。青铜器作为一种武器使用,促进了我国古代务实的发展。不仅在军队作战时会用到武器,闲暇之余,人们还会把这些武器当作一种体育活动用品使用,以至于后来一些武器演化为专业的运动器具。在青铜兵器大量涌现的年代,战争中主要用到的就是战车和各类兵器,因此被人们所看重,甚至出现了使用战车和兵器进行大型比赛的消遣娱乐方式。如《史记》所载,齐王赛马中使用到的马车就是一个典型的例子。当时齐国的王公贵族们常以赛马车赌钱。一次,孙膑在田忌赛马车之前告诉他一种战术,田忌如法炮制,终于以二比一取胜对方。这说明马匹战车被大量用于作战的同时,也成为体育活动的重要器械。当时,为了激励民众学习射箭,各诸侯国颁布了一系列尚武的法令,例如魏国李悝,担任上地之守后,制定了《习射令》,规定人们必须练习射箭,若有诉讼打官司的情况,则必须依据射艺来作出裁决。这使得所有人都投入射箭的训练中,昼夜不停地练习,毫不停歇。越来越多的人习车艺、练武艺,使马匹战车、弓箭等成了比赛用的重要器具。

(三)秦汉时期的体育用品

秦汉时期,体育经历了两次飞跃性蓬勃发展,展现出强大的生命力。在这一历史时期,我国独特的体育器材特征为我国传统体育器材的形成奠定了基础。在秦汉时期,铁器被广泛应用,彰显了体育器材在质量和价值方面的卓越成就。根据《汉书龚逆传》所记载,西汉时期,"卖剑买牛,卖刀买犊",可见当时社会中,体育器材是相当珍贵的，价格也不便宜。体育领域各种专业设备也逐渐增多。汉代的蹴鞠就是一项用皮革包裹着禽类羽毛等材料缝制而成的实心球体运动。在棋类游戏中，弹棋、围棋、六博以及投壶所用到的壶，均采用了专业的制作工艺。在南方水域地区，龙舟竞渡是一项传统的体育活动，最初它只是一种普通的水上交通工具——木舟，至汉代，出现了专门用于竞渡的龙首装饰的龙舟。这种形制的龙舟，直到现在的龙舟竞渡活动中还在大量使用。

（四）隋唐时期的体育用品

在隋唐时期，各种以娱乐和职业为主的体育活动层出不穷，社会上涌现大量体育专业的专门从业者，同时也涌现出一批专业的体育器材制造作坊。体育器材经过演变，越来越符合人们的身心需要，并且能够促进人们的身心发展。体育越来越明显地向着娱乐化发展，这个时期，体育器材娱乐功用表现得愈加明显，体育器材个性化特征开始显著，体育器材的原料和外形在此时期开始讲究。这一现状主要表现在统治阶级和从事体育职业的人所使用的设备和器材上。体育器材的华丽和精制是统治阶级所追求的，如玉制的棋子和棋盘随处可见。隋唐时期，随着体育器材的不断完善和器械种类的不断改进，武术技艺中的器械种类得到了显著提升。据《唐六典》的记载，仅弓就有长弓、角弓等4种；弩有擘张臂、角弓弯等7种；箭也有竹箭、木箭等4种；而刀则有4种。随着种类繁多的武术器械的涌现，武术爱好者必然会对其格外关注，并将其视为一项深入研究的议题。在这一时期，体育设备的一项重要改进是球的构造由实心球改良为充气球，有了球壳和球胆，其制作与近代的皮球已很相近了。

（五）宋代的体育用品

到了宋代，一批职业体育艺人出现了，他们在特定的场所表演一些娱乐性体育活动，比如踢球、举重、舞刀枪等等，以此来谋生。这是历史上最早出现的"职业体育艺人"，无形中肩负着推广体育器材的使命。体育器械的制造至宋代达到高峰。随着城市手工业、商业的繁荣，经济有了更好的发展。北宋都城汴梁的街道纵横交错，各种店铺分列道路两边，其中不乏专门售卖体育器材的店铺，如球杖、弹弓等，这些器材在制作工艺上都是经过精心雕琢的。此时，还涌现出一批专业的体育著作，其中包括《丸经》《角力记》等。这些体育著作详细地介绍了当时流行的众多体育器材的形态、尺寸、规格、制作材料和技艺等。表明这些体育企业的使用和制作基本实现了规范化。

（六）夏辽金元时期的体育用品

在夏辽金元时期的北方少数民族中，为了推广本民族传统的体育活动，如骑射、马球、摔跤等，不仅兴建了大量专门的运动场地，还制作了一系列高品质的运动器材。比如，在辽金元时期，举行"拜天"典礼时，统治者都会进行一场激烈的击球比赛，以彰显他们对天空的敬畏之情。为此还建造专门的球场，周围飘扬着鲜艳的彩旗。金人还精心制作了一只木制兔靶，专为射礼而设。《金史·礼志》中有记载，其所制作的马球用球，"状如小拳，以轻韧木楞其中而朱之"，球杖"长数尺，其端如僵月"。这些球和球杖与当今国际上广泛使用球、杖相一致。

（七）明清时期的体育用品

在明清时期，古代体育得到了全面的总结和发展，体育活动所需要的器材和场地基本已经定型和完善。这一时期的武术器械同现在武术器械的类型和形式类似。在清代，满族人的传统冰嬉项目中，冰嬉所使用的冰鞋与今天的别无二致。同时，随着时代的发展，一些皮制冰球和猎皮冰鞋等新型冰鞋也逐渐涌现。可以说，这些定型时期的体育器材为现代体育在我国的迅速普及提供了条件。

二、我国近代的体育用品业

到了近代，我国的体育用品最开始是从国外传进来的。最初，我国既没有体育用品商店，也没有专门的体育用品生产厂家。19世纪末，在我国的一些教会学校、部队的军事训练以及上流社会的社交场所中所用的体育用品，如篮球、排球、足球、羽毛球、网球、双杠、吊环、跳马等，主要是外国的传教士、外国的侨民以及我国最初学成归国的留学生等带入中国的，他们将现代体育传入中国的同时，也引进了与现代体育相伴的体育用品。

1910年中国第一届"全国运动会"后，现代体育运动的不断传入和兴起，使得社会对体育用品需求逐渐扩大，上海、天津、广州等地的洋商，如"汇司""惠罗""福利""时评"等公司开始附设经销国外（主要是英国、法国、美国等国家）生产的体育用品。1914年中国第二届"全国运动会"后，一些中国商人见代销外国体育用品有比较丰厚的利润，于是自己也开设了一些专门销售国外体育用品的商店。当时销售的篮球、排球、足球、羽毛球、网球、乒乓球等体育用品价格昂贵，一个进口的篮球竟卖到30~40块银圆，一般学校难以承受，但新学制下的学校体育活动又需要体育器材，因此有些学校开始自制各种体育器材。[①]一些精明的商人意识到体育用品消费需求越来越大，有着巨大的潜在市场，生产体育用品将有利可图。于是，在20世纪初，我国最早的一批体育用品的民族体育用品企业诞生了。例如，天津的"春合"、上海的"华东"、河北保定的"步云"、北京的"时昌"等。

据史料记载，1910年在上海租界的"陈林记"鞋匠铺，由主要是修鞋、制鞋并附带给外国人修补体育用品改为专门制造和销售体育用品的企业。1915年，位于河北保定的步云工厂开始生产体育器材，包括网球拍、标枪、铁饼、铜球等。因为产品的销售非常好，于是扩大生产规模，"步云"渐渐成了一家专门的体育器材生产厂商。1917年，章仲文创建了我国第一家生产球类的工厂——上海协兴运动器具厂，1962年，改名为上海球厂。最初是专门生产手缝皮制足球，后又陆续生产手缝皮制篮球、排球，此时球胆已采用国产球胆。1920年，傅降临创办了上海运动鞋总厂，最早在汉阳路460号开设傅中兴运动皮鞋店，专制各类皮制跑跳鞋、足球鞋、竞走鞋等运动鞋，产品曾销往马尼拉、吉隆坡、印尼、日本等国。1920年，顺德人岑始卿等在广州百子路设立精华胶厂，生产运动鞋、利便鞋等。1921年，孙玉琦创办利生工厂。1924年，傅泊泉创建了春合体育用品厂。1926年，上海陈林记运动器具厂木工厂成立（后此厂更名为上海体育用品三厂）。1927年，上海大中华赛璐珞厂生产出了第一个国产乒乓球——"连环"牌乒乓球。1931年，吴承荣创办的上海中汇铜铁仪器文具厂（上海体育器材一厂）开业，最初产品仅有球针、气筒、气枪，后来产品增加了拉力器、发令枪、哑铃等。1933年，上海华东运动器具有限公司成立（标准运动器具公司），该公司在产品的品种质量、生产规模、经营管理都具有较高的水准。中华人民共和国成立之前，我国的体育用品企业主要集中在津、沪、穗等沿海开放口岸的大城市，但是在西部边远省份，也有少数生产体育用品的企业。1928年，甘肃兰州工业学校所属新陇公司就生产

---

① 国家体委体育文史工作委员会，中国体育史学会.中国近代体育史 [M]. 北京：北京体育学院出版社，1989.

和经营体育用品。公司的制革化工厂专门生产篮球、排球、足球,并经"新陇"公司销往全国各地。①

由于当时我国的经济发展条件、人们的生活水平有限,这个时期体育用品的主要市场是学校,并且基本上由厂家直接对学校或学校主管部门销售的,有许多体育用品企业就是学校或学校员工办的。例如,兰州工业学校的"新陇"公司,天津的"利生"。产品的国内销售或向国外销售渠道也是由某个厂家派驻在该地区的机构负责,并非由专门从事体育用品营销中间机构的"批发商"或"专卖店"负责销售,这些机构主要设在沿海地区或大城市。

中华人民共和国成立之前,由于当时国内的工业基础薄弱,生产体育用品的技术和设备相当落后,多数企业是手工作坊,规模较小,产品单一、产品的质量也较低,旧中国的体育用品业的发展相当缓慢。但也有个别佼佼者,如天津的"利生""春合"以及广州的"新以泰"体育用品厂等。

根据天津"利生"体育用品厂厂史记载,"利生"厂的创办人孙玉琦,字润生,他在天津南开中学任体育教师兼教英文。孙润生先生从1919年开始研究制作体育运动球,并于1921年创建了天津"利生"体育用品厂。初期,这个工厂专门制作篮球、排球、羽毛球以及铁饼、标枪、双杠、吊环、大刀等体育器械。1930年前后,"利生"工厂扩建改名为"利生体育用品厂"。扩建后的"利生"在天津锦衣卫桥附近,设有制革部、木工部、制球部、制鞋部、制弦部、制网部、金工部,另外还附设体育馆、体育场、儿童游戏场、网球场、游泳池等,这时"利生"的设备已具备近代化水平,并闻名全国。随着生产规模的不断扩大,"利生"在北京设立了分厂,在顺德设立了制革车间,另外在天津法租界设立了分公司,在大胡同设"荣生"商店,在北京设有"同来"商店,在汉口设立了分公司,专门经销"利生"的产品。此外在上海、济南、烟台、哈尔滨、西安等地还有代理店。在南洋新加坡也设有分公司。这时"利生"生产的产品除篮球、足球、排球、羽毛球外,还增添铁饼、标枪、双杠、木马、吊环等体育器械,并承制各种运动鞋袜和运动服装,承包建造各学校的体育场和体育馆。如天津耀华中学体育馆、天津水产学校游泳池、天津培才小学儿童游戏场等,都是"利生"设计和修建的。经营的体育用品有球类、田径类、游泳类、滑冰类、鞋袜类、服装类、室内运动

---

① 龚飞,梁柱平.中国体育史简编[M].成都:西南交通大学出版社,2010.

类、室外运动类以及体育书籍类和体育建筑工程类,共9大类。"利生"的生产各类体育用品以球类为主,占总产值的60%~70%;以体育器械为辅,占总产值的30%~40%。球类的日产量由扩建前的60~70个提高到了160~170个。每年产品营业额约40万元,平均利润为50%。产品远销黑龙江、辽宁、吉林、新疆、四川、云南、贵州、广西、广东、福建等地,国内的南北各大城市及南洋都有代销店。由于孙润生采取一系列有效措施,扩大产品的销路,扩大了生产能力,工厂得到了发展。

"春合"体育用品厂创建于1924年,创办人傅泊泉、傅泊川、傅清准和傅清波四人各拿出100元,并由傅泊泉回乡说服了本家傅万安和傅万金各拿200元,凑集起800元资金,在南开中学的对面,租得门面铺2间,以"前店后厂"的形式于1924年开张营业。因时逢春天,又是六人合伙,故起名"春合"。"春合"建厂初期,主要是生产各类手工缝制球。由于缝制球的皮革依靠各制革厂供应,产品规格不统一,因此影响了球的质量。为了解决这一难题,股东们研究决定自己办厂制革。1930年,"春合"厂在其附近购买了20多间平房,开办了"春华"制革厂,该厂于1932年正式开工生产,所产皮革全部自用,皮质优良。制革厂最初由华北制革厂请来的几位技术工人负责生产,后来又聘请天津工学院制革系毕业生石炳星担任制革技师,1934年又聘请燕京大学制革专业主任张克刚任顾问,使"春华"的制革技术不断提高,产品质量不断改进,终于使皮革达到遇水不涨、弹力适度、颜色均匀、坚固耐用的标准,受到用户的欢迎。1935年,"春合"厂已有职工130~140人,设立了制球、球拍、靴鞋、服装、铁木等科,并附设家属工厂,组织家属在家里编织球网,做针织运动衣等。当时,"春合"生产的品种有体育器械、球类、球拍、比赛用具、场地设备以及刀、枪、箭、棍等武术用品。厂里还增添了新的设备,逐步摆脱了手工作坊式的生产。这时的"春合"厂除生产体育用品外,还代为设计、承建体育场和游泳池。"春合"的产品行销全国各地,"春合"除在上海设立分公司外,还委托沈阳市的"天德信""益顺兴""胡魁章",长春的"老德和",汉口的"中华书局",成都的"老胡开文",泉州的"新新"等商店,以及太原、开封、长沙等市的文教用品商店代销"春合"的商品。并先后在新加坡、印尼、马来西亚、泰国、缅甸、越南等地设立了代销店。"春合"的产品还远销欧美各国,如英国曾一次购买网球拍4800把。

1946年，广州"新以泰"于1860年在惠爱八约（即现在广州中山四路的"新以泰"店址）创立，主要经营文教用品，兼营当时还很不普及的小件体育用品，如毽子、跳绳、乒乓球、羽毛球、网球、足球、篮球、象棋、军棋、围棋、国际象棋以及玻璃弹子等较小型的品种。全店营业面积只有25平方米，工厂180平方米，店员25人，年销售额4万元，利润8000元，在当时，生产规模是较大的。广州还有10多家生产乒乓球板的家庭作坊和以个体及家庭作坊生产的皮球，生产商场主要集中在四牌楼（今解放中路）、状元坊一带。1947年，家庭作坊生产的光板乒乓球球板很受广州儿童、学生的喜爱。同年7月，健强运动服装店在广州创办，专门生产运动服装。[①]

三、中华人民共和国成立后的体育用品业

中华人民共和国成立初期，我国的体育用品行业处于起步阶段，企业数量较少，规模都相对较小，因此所产生的体育用品在品种、数量和质量等方面都难以完全满足国内的市场需求。在国内，上海、广州和天津三地是体育用品企业的主要聚集地。在这一时期，随着国内经济建设的蓬勃发展和体育运动形式的不断创新，体育用品业得到了迅速的推动和发展。

根据1996年出版的《上海体育志》，解放初上海私营体育用品制造工厂有201家，规模都比较小。到1955年，上海体育器材制造工厂中生产篮球、排球、足球37家，羽毛球37家，羽毛球拍44家，单杠、双杠、吊环、哑铃等五金运动器具33家、木制运动器具6家、乒乓球6家，乒乓球拍63家，球网16家，网球2家，弹子台2家。

1956年，实行公私合营，部分手工业式工厂先后进行合并，成立中心厂。1962年后，同行企业又先后改为国营或集体企业，上海体育用品企业主要有体育器材厂4家、球厂5家，其他体育用品厂12家。上海体育器材工厂产品是在吸收苏联和东欧国家的经验后逐步发展起来的，如体操器材中制造苏联式活动铁双杠、活动木马、苏联式套管单杠、活动平衡木、活动跳跃器等。到20世纪60年代初期，生产了田径、体操、球类、水上运动、船艇运动、重竞技项目、射箭、射击、击剑和武术器材。其中红双喜乒乓球、红双喜乒乓球台、网架与航空牌羽

---

① 龚飞，梁柱平. 中国体育史简编[M]. 成都：西南交通大学出版社，2010.

毛球、网球、火车牌篮球、排球、足球都已达到国际先进水平，并被国际单项体育联合会批准为国际比赛使用器材。[①]

在公私合营过程中，以协兴运动器具厂为中心厂，由协兴、文化、大成、永兴、国泰、生生、西康、国强、亚洲、强兴、康兴、复兴、明明、康原、南华等共14家小厂并入，1961年1月定名为上海运动器具厂，1962年，改名为上海球厂。公私合营前，协兴运动器具厂曾先后革新球片落料，在打眼切片用刀、针模等工艺方面，开始从手缝工艺踏上半机械化道路。1963年后，上海球厂研制了胶粘球，形成手缝、胶粘两大系列产品，并为猪皮革开发创造条件。1983年试制成功手缝球复合布定型工艺，控制了球革延伸率。接着又开发了新材料PV合成革，试制成功PV合成革球；研成绕线球新工艺，以线代布，改进了胶粘内胆结构，提高胶粘球档次。该厂的火车牌篮球、排球、足球曾获得国家体委、轻工业部、上海三级质量奖43项，其中S501S中牛皮胶粘排球、S32S牛皮手缝足球，获国家金质奖。

中华人民共和国成立后，大中华赛璐珞厂（即中国乒乓球厂）经扩展，于1966年改名为上海乒乓球厂，占地面积37617.5平方米，建筑面积15670平方米，全厂职工478人，厂址在上海北新泾北瞿路八字桥9号。为了迎接1961年第二十六届世界乒乓球锦标赛在我国北京举行，1959年，上海乒乓球厂会同四川泸州化工厂、上海塑料研究所等单位，联合试制成功国际比赛样品球，后经国家体委鉴定，认为质量已达到国际比赛用球标准，并将产品商标定为红双喜。国际乒乓球联合会曾委托瑞典SKF轴承试验室对日本、瑞典、西德、英国和中国5个国家7种牌号的国际比赛用球进行测定，"红双喜"的质量总分名列第一。上海乒乓球厂还自制了检测仪器重心仪，成为世界首创，国际乒联根据该厂的测试方法，增加了重心技术标准。1960年4月，国际乒乓球联合会正式批准红双喜乒乓球为国际比赛用球并在第二十六届世界乒乓球比赛中正式采用。此后30年中红双喜一直保持着国际用球的荣誉。

红双喜牌球拍由上海球拍厂生产，在1961年第二十六届世界乒乓球赛前，贺龙元帅指示，中华人民共和国应该有自己的名牌球拍，于是上海乒乓球拍厂赶在第二十六届世乒赛前造出了第一代乒乓球板，型号为08、032、016。邱钟惠用

---

① 郝勤. 体育史 [M]. 北京：人民体育出版社，2006.

它为中国赢得了第一枚女子世界冠军金牌。此后又生产了651正胶、6511、6512反胶、G888、DF4-C7、DF4-12正贴海绵、DF4-22反贴海绵等等，DF4胶粘皮为国际乒联确认可在国际比赛中使用。

1956年，吴竹记体育用品厂公私合营时，由43家羽毛球行业工厂改组为裕华、雯华、永康、元明、吴记5个中心厂。1958年，全行业合并成立天凤羽毛球厂，1966年改名为上海羽毛球厂。建筑面积4800平方米，全厂职工近500人，厂址于上海局门路541号。1963年，该厂在原生产燕子牌羽毛球基础上，研制成功高质量的航空牌羽毛球，质量与当时比赛采用的英国羽毛球相同。

1956年，公私合营时，蔡国记、陆盛昌、李永兴、陈国兴、福根、国富、任聚泰、陈永兴、福昌、工力等10家小作坊并入陈林记运动器具木工厂，1958年改名为上海木制体育器具厂，1966年改名上海体育器材三厂。该厂占地面积12334平方米，建筑面积12557平方米，全厂职工350人，厂址在上海斜土东路266号。1960年该厂采用国产原料，设计制造了世界一流的红双喜乒乓球台，经国家体委鉴定，质量达到国际水平，被第二十六届世界乒乓球锦标赛所采用。此外，该厂还生产有盾牌系列拉力器（扩胸器）、起跑器、发令枪、液压系列健身器、跑步器、健身梯、划船器、推力器、金属箭、玻璃钢弓、击剑台、溜冰鞋、举重台、桌球台、航空模型和航海模型内燃机等。

上海体育器材一厂前身是中汇铜铁仪器文具厂，建于民国20年，创始人吴承荣，1956年，公私合营，以明新运动器具厂为中心，合并了中华、荣发、仁和、中汇、景和、快来、郭亮记、朱金昌、沈万茂、顺发兴、陈秉记等11家小厂和作坊。1960年，上海文教机修厂并入。1966年，更名为上海体育器材一厂，厂址位于民和路164号。该厂重点产品为金属体育器材，主要产品有力士牌全包胶杠铃，曾获国际举联颁发的A级器材证书，批准为国际最高级比赛使用器材，第十一届亚运会即采用该厂出产的杠铃。该厂生产的击剑器材也被国际击剑联合会批准为国际各个级别比赛用剑。该厂生产的安放式羽毛球架，胜利牌插入排球架，液压式篮球架，均获轻工业部优质产品奖。

上海网球生产始建于1957年，由上海羽毛球厂进行试验生产，次年，1958型网球试制成功。该球在成批生产时，选用飞机作为商标，定名航空牌。后生产规模日益扩大，羽毛球厂的网球车间扩建为上海网球厂。20世纪60年代，该厂制成航空牌616型网球，该球被国家体委批准为我国比赛用球。

上海运动鞋总厂则在1956年公私合营过程中，由履新、特美、维新、美华、裕昌、协兴、杨顺记7家运动鞋工厂并入，改名为上海运动鞋厂。1979年又有宣川、红岩、皮件十厂并入，改名为上海运动鞋总厂，下辖5个联营分厂，职工1820人，厂址在宝山区南大路700号。该厂产品以火炬作为商标，专业运动鞋分四大类，即跑跳鞋、足球鞋、训练鞋、花色鞋。累计开发了50余个鞋种，700多种花色，基本满足了我国各项体育比赛、竞技表演和训练用鞋的需要。20世纪80年代后期，该厂已成为国家体委、轻工业部专业运动鞋定点生产厂，并为世界名牌鞋商定牌生产。

1950年，"新以泰"仿制成功了我国第一只无金属充气装置且不用缝合的胶胆皮面篮球，当时市场销路很好，价格仅为进口的五分之一，质量符合比赛标准。1952年，新以泰全部改为经营体育用品的专业商店，设计和生产以大、中、小学为主要销售对象的体育用品和器材有铅球、铁饼、举重杠铃、哑铃、标枪、乒乓球台、篮球架（板）、跳箱、单双杠、胶篮球、羽毛球拍、球网、足球门柱、球衣球裤等，注册商标是"红箭牌"。20世纪五六十年代，广州市各大、中、小学校的单、双杠、篮球架多为该店的产品。此后，新以泰不断试制体育器械，其新产品有全国第一支胶铁饼、供训练用的竹竿标枪，还尝试在刨花板、蔗渣板上粘贴胶合板制成篮球板，这一成功大大减少了美国杉、东北杉的进口，同时降低了成本。20世纪80年代后，"新以泰"根据我国体育用品市场发展的需要，将保龄球引进到中国，并研制出了我国首批健身器材。此时"新以泰"已经有了较大发展，年销售额高达5000多万元。

1950年，由当时广州市的陈海记生产的地球牌羽毛球拍，次年便开始出口港澳地区。1952年，又有革新社、大新厂、陈合记、李良、莫彬记、梁惠记、梁坤记、翁行记、健民、黎英记、梁振祥、区芬记等生产，1956年2月，广州市的个体户组成红棉体育用品生产合作社，年产羽毛球拍3万把。汕头市的个体户则成立公私合营汕头环海羽毛球厂，职工25人，年产球拍2400把（两把为一副）。当时的羽毛球拍为全木结构，用猪皮胶作黏合剂，牛筋作网线，有单片和双夹两种规格，经常发生球拍的夹缝离胶、拍体变形和弦线回松的现象，影响球拍击球的能力。1958年广州市的红棉社研制成功冠军牌钢杆木框球拍，该拍采用脲醛树脂取代猪皮胶作黏结剂，提高黏结力和防潮性。产品新颖美观，牢固耐用，投放市场后受到用户欢迎，年产量达 12 万把，其中出口占一半。1964 年汕头市羽毛球拍厂也开始生产这种球拍。1968 年广州红棉厂并入广东省体育器材厂，继续对羽毛球拍进行改进，用尼龙线代替牛筋线，增加了网线的弹力，并制成热处理炉，球拍钢管杆经过淬火、回火，性能更加优异。商标为红羽牌，投放市场以后，畅销北京、吉林、湖南、四川和广东等地，年产量达到 5000 把。1975 年，广州体育器材厂将生产羽毛球拍的人员设备分出，单独成立广州市羽毛球拍厂，专门生产羽毛球拍，此时生产的球拍冲击弹度、弹性、平衡点等主要技术指标都符合 1975 年轻工业部制定的钢杆球拍质量标准。因此，1976 年其被列为部管产品，并获轻工业部优质产品称号。1977 年，广州羽毛球拍厂又研制成铝镁合金结构球拍，该拍拍体轻，弹性大，起动轻便，平衡点适中，不易变形，因此被中南和西南各省的羽毛球队选作训练和比赛用拍，并被列为部管产品。

20 世纪 50 年代初期广州的国群乐器厂，每月生产玩具乒乓球约 5 万个。1959 年我国运动员容国团获第二十五届世界乒乓球锦标赛男子单打冠军，社会上出现打乒乓球热潮，对乒乓球的需要量大增，位于广州市黄埔区菠萝庙的成功食品化工厂开始转产乒乓球。1960 年产 78 万个，并改名为广州市成功乒乓球厂，1963 年基本上实现机械化生产，年产量达到 320 万个，并有 5.84 万个出口到香港和澳门等地。1966 年产量达到 124369 万个，实现利润 39.7 万元。1968 年 11 月，成功乒乓球厂、华达羽毛球厂和服东体育用品厂合并，改名为广州市体育用品厂，当年乒乓球产量降为 638 万个。1971 年，中美"乒乓球外交"，乒乓球运动再次兴起。1972 年 8 月，广州体育用品厂改称广州市乒乓球厂，该厂梁本立和麦庆东两人创造了石蜡形球工艺和石蜡膨球机，代替原来的蒸缸加热膨球工艺，生产工效提高两倍，当年乒乓球产量恢复到 1363.37 万个。1973 年国家体委副主任徐寅生将第三十二届世乒赛使用的几个日本生产的 TBP 硬球送给梁本立和麦庆东进行研究，他们两人经过 130 多次的试验，于 1974 年 10 月制成首批硬质乒乓球、定名为三星双鱼牌，并被国际乒联批准为国际正式比赛用球。产量达 6302 万个，其中出口占 5482 万个，当年创汇 218 万美元，销往世界上 63 个国家和地区，成为世界上主要的乒乓球生产基地之一。广州乒乓球厂是 1960 年创立的全民所有制企业，位于广州市河南江南大道燕子岗。1977 年有职工 400 多人，年产乒乓球能力

6000万个，出口占三分之二以上，由于质量稳定，被外商誉为当今世界四大乒乓球品牌之一。该厂拥有厂房建筑面积1.24万多平方米，固定资产原值181.8万元，拥有专用机械设备198台，当年乒乓球产量5076万个，全员劳动生产率为18282元，实现利润132.4万元。以后又开办增城、花都区两家分厂，生产低档乒乓球内销。1976年出口创汇136万美元，产品畅销日本、美国、西欧各国。[①]

1954年，广州的一些手工业者组成永健体育器械生产合作社，社员共有30人，产品有乒乓球台、山羊、双杠、球架、跳箱、跳垫等，兼营家具，1957年生产品种增加到50多个，以后还发展铁制篮球架等。1970年该社改名为东方体育器材厂，一些原有的体育器材也陆续恢复生产，1973年产值曾恢复到235万元，后来因为忽视了产品创新和经营管理，1985年产值下降为100万元。1986年该厂投资125万元，建成自动喷漆线为第六届全国运动会生产折叠式乒乓球台、铝合金水球门、翻分牌等共35项新产品，产值40多万元。1987年折叠式乒乓球台被国际乒联指定为国际比赛用台；1990年又承担第十一届亚洲运动会部分体育器材的生产任务，当年工业总产值达到573万元，税利50多万元。[②]

1952年5月，春华制革厂合并到春合厂，成为春合厂的制革部。两厂合并后厂里制定了一系列的规章制度对产品质量进行严格把关，每道工序都有专人负责，产品达到了国内先进水平。1954年5月，春合厂经过积极准备改为公私合营企业，合营后的春合厂特制革部和制球部与利生体育用品厂合并专门生产球类产品，而利生的体育器械部则划归春合，专门生产体育器械，经过调整两个厂的生产都得到了发展。利生的球类从1958年开始出口，产品行销非洲、东南亚地区，最初只有五六个国家，后来这些国家和地区扩大到70多个，其中包括澳大利亚和欧洲一些国家，这些努力为中国赢得了声誉。1979年全国球类评比，利生的足球被命名为梅花牌金杯足球，并获得了金牌奖的殊荣；我国天津利生体育用品厂所生产的篮球和足球均被国际篮球和足球联合会认定为符合标准的球类运动项目。

1965年洛阳乳胶厂乒乓球车间从上海引进正、反胶乒乓球拍生产工艺，1966年产量为2.5万支。1976年生产18.9万支，1985年生产21.1万支，产品有"冠军""牡丹""龙门""锻炼"牌等，有反正双面、单面以及台布双面、单面30多

---

① 张钊. 广东省志二轻手工业志. 广州：广东省人民出版社，1995.
② 李崇飞. 中国体育产业发展研究[M]. 武汉：武汉大学出版社，2016.

个规格的产品。该厂"冠军"牌正、反胶长柄双面拍，正、反胶短柄单面拍，反正胶花长柄双面拍等10多个规格的产品1975年开始出口到美国、法国、瑞典等国家，出口52.71万支，创汇80多万美元。[①]

企业在国家指令性计划下生产，产品统配、统销。主要提供给国家队、各省体工队等运动队以及各级各类单位开展各种形式的体育所需要的体育用品，这一时期是在我国体育用品业的生产基地主要集中在上海、天津、广州等城市，生产了许多享誉国内的品牌，如上海的"红双喜"乒乓球器材；"火车头"牌篮球、排球、足球；"回力"和"飞跃"牌球鞋。天津的"春合"牌体操等各类体育器材；"锦杯"牌篮球、排球、足球；"梅花"牌运动服等。但整个行业的企业数量少，规模小、产量小；产品的规格和品种单一，产品的标准和质量较低。体育用品市场发展相对缓慢，还没有从其他消费品市场（文化用品市场）中分化出来，大众对体育用品的消费尚未形成规模化的市场需求。

第四节　我国体育用品产业现状

一、我国体育用品产业基本概况

体育活动中，把一系列专门用于体育活动的物品统称为体育用品。所有与体育运动相关的活动，包括竞赛、训练、健身和休闲以及教学等，都需要使用到特定的器材。体育用品产业是由一系列专注于生产体育活动所需的特定物品的企业所组成的产业群体。该产业涵盖了许多分支产业，比如体育器材、运动鞋服等，构成了综合性产业生态系统，这个系统跨越不同的行业。经过很多年的发展，我国体育用品产业取得显著的进步，这些成就有目共睹。根据《2001年中国体育用品联合会工作报告》中的数据，早在2000年，我国的体育用品就已经迅速发展起来，产品出口到世界上100多个国家和地区，同时体育用品生产份额占世界的65%以上。如今，我国是世界首屈一指的体育用品制造大国。但是，从类别来看，体育用品行业中运动鞋服这个类别市场销售下滑比较明显，同时，运动器材行业，

---

① 河南省地方史志编纂委员会.河南省志工艺美术品、文化体育用品工业志.郑州：河南人民出版社，1994.

如球类、健身器材和个人防护用品市场却在稳健增长。最值得注意的是，户外用品市场增长幅度超过30%，2012年度销售总额为145.2亿元，其中国产品牌表现非常出色，增长速度连续三年超过国外品牌。①

随着我国体育用品产业的发展，产业集群和资源整合所带来的优势逐渐显现。当前，我国已经形成多个体育用品生产基地，这些基地具有明显的产业集群特征。东部沿海开放地区，如广东、福建、江苏、浙江、上海等，已成为体育用品产业的主要聚集地。晋江、莆田和东莞等地主要生产制造运动鞋，而石狮、中山和海宁则主要生产运动服；沧州主要从事体育器材的生产；奉化和富阳，分别位于上海市、天津市和浙江省，以生产篮球、排球和足球为主要产业。

从我国体育用品产业的销售额来看，我国体育用品行业进出口总额在2012年为174.67亿美元，实现贸易顺差159.13亿美元，其中进口额为7.7亿美元，同比增长14.97%；出口额166.90亿美元，同比增长4.87%。我国体育用品业增加值从2006年782亿元增长到2012年的1936亿元，增幅接近150%，占中国体育产业份额更是超过80%。②

我国体育用品生产企业既有国营企业，也有很大一部分民营企业；既有外资企业，也有中资企业。总体看来，体育用品生产厂家，基本上是中小型的生产企业，以集体所有制和中外合资为主。企业经济结构中，集体所有制企业和中外合资企业最多，分别占25.90%和23.90%，全民所有制企业占14.74%，外商独资企业占13.54%，股份制企业和私营企业分别占11.16%和10.76%。③

二、我国体育用品产业对外贸易现状

（一）贸易规模现状

1. 体育用品对外贸易出口总额

根据我国海关信息网的数据，我国体育用品的对外贸易出口总额数量很大，

---

① 学周. 体育用品分羹户外市场[J]. 文体用品与科技，2013（13）：1.
② 孔令夷. 我国体育用品业发展现状、特征及趋势预测[J]. 科技管理研究，2013，33（18）：212—220.
③ 何明辉. "十二五"时期中西部地区体育用品生产企业发展研究[J]. 价格月刊，2013（10）：73—75.

但增速呈现负增长态势。我国在世界体育用品对外贸易格局中，凭借着初级生产要素如劳动力和土地的成本比较优势，成功承接了体育用品国际产业转移，并将其嵌入了体育用品产业的全球价值链中，通过低附加值、低效率和数量扩张的粗放型增长方式成为体育用品对外贸易大国。然而，近年来，我国初级生产要素如劳动力和土地的成本比较优势逐渐减弱，而市场外部频繁的贸易摩擦更加凸显了我国体育用品对外贸易发展的阶段性和不可持续性缺点，因此迫切需要改变。

2. 体育用品对外贸易进口总额

根据我国海关信息网的数据，我国体育用品的对外贸易出口总额数量很大，然而增速却呈现负增长趋势。原因是，我国居民消费观念的转变，再加上国内庞大的人口，导致体育用品的消费支出逐年增加。前世界体育用品联合会主席米歇尔指出，我国一直被视为体育用品的"加工者"，但近年来这种角色已经发生了巨大的变化，我国正在从"加工者"向"消费者"转变。随着国内市场需求的不断扩大，国内和国际体育用品的供应规模也在不断扩大，这导致了体育用品对外贸易进口总额的增加。

（二）贸易结构现状

1. 体育用品对外贸易产品结构

（1）体育用品对外贸易产品种类结构

根据体育用品联合会和体银智库发布的《2018年中国体育用品行业进出口商品数据分析》，2015年至2018年期间，我国体育用品的对外贸易出口表现优异，其中训练、健身、竞赛类运动器材及设备、运动鞋、运动服装、户外装备、球类等小类产品顺差巨大，具备强大的国际竞争力。

（2）体育用品对外贸易产品性质结构

根据生产要素的成分的不同，体育用品可被归为劳动密集型和资本技术密集型两类。根据本书对我国海关信息网数据所做的统计，我国出口的体育用品主要集中在劳动密集型领域，而进口的体育用品则以资本和技术密集型为主。

2. 体育用品对外贸易方式结构

所谓体育用品对外贸易结构指的是，不同贸易方式之间的比例关系，如一般贸易、加工贸易以及其他贸易间的比例关系，以体育用品的一般贸易和加工贸易间的比例关系为主。观察数据告诉我们，尽管国内体育用品加工贸易出口所占的比重每年略有下降，但仍保持着半数以上的稳定水平，而一般贸易进口比重逐年攀升，并始终保持在绝大多数，这表明我国体育用品的对外贸易结构水平相对较低。

3. 国际市场结构

（1）出口市场集中度

根据我国海关信息网的数据统计，截止到 2018 年，我国体育用品的对外贸易出口已覆盖全球 123 个国家和地区。

这些国家和地区能够成为我国体育用品出口的主要市场，主要是因为我国初级生产要素成本，如劳动力成本比较低，这使得我国产品出口价远低于全球平均水平，因此获得了全球市场的青睐。大众体育在发达经济体中处于领先地位，因此对于劳动密集型体育用品的市场需求较为旺盛。

（2）进口市场集中度

根据我国海关信息网的数据，截至 2018 年，我国已与全球 37 个国家和地区进行了体育用品的进口贸易，其中美国、德国、日本、意大利、英国、加拿大、法国的进口份额均位居前几。

这些国家和地区能够成为我国体育用品进口主要市场，主要是因为在全球化的体育用品对外贸易专业化分工中，一些发达国家是生产资本技术密集型体育用品的主体。发达经济体凭借其技术、资本等优势，率先在体育用品智能化、服务化领域进行拓展和研发，从而与我国形成了一定的产品代际差距。同时，随着我国对智能化、服务化体育产品的需求不断扩大，进口量也随之增加。发达经济体主导着国际经贸规则与标准的制定，他们会通过一些手段，如签署双边或多边经贸协定、进口关税减免等，扩大对我们体育用品的出口规模，维护和扩大自身利益。借助世界体育用品联合会、国际奥委会、国际单项体育联合会制定的特殊标准，我国被迫从发达国家进口一些具有特殊标准的体育用品，来满足其某种特殊需求。

4. 国内区域结构

我国各省份的体育用品对外贸易呈现出一定的区域比例关系。一般而言，我们可以将体育用品的对外贸易划分为两个区域结构，一个是出口，另一个则是进口。

（1）体育用品对外贸易出口国内区域结构

参考国内的研究，我国体育用品对外贸易出口国内区域结构整体呈现出东部—中部—西部阶梯式递减趋势。①

（2）体育用品对外贸易进口国内区域结构

参照国内研究，我国体育用品对外贸易进口国内区域结构整体也呈现东部—中部—西部阶梯式递减趋势。②

（三）贸易地位现状

1. 国际市场份额

依据联合国商品贸易统计数据库（UN Comtrade）数据，近年，我国体育用品对外贸易出口占国际市场份额的30%，是体育用品对外贸易出口大国。③

2. 贸易平衡值

从贸易平衡值的角度来看，体育用品进口国作为一个体育用品贸易强国，存在着贸易逆差的问题；在新兴经济体中，众多国家的体育用品都依赖于进口。近年来，我国体育用品贸易平衡值一直维持在4000左右的水平，属于贸易出口国；印尼、泰国、越南，这个三个位于东南亚的国家，也是体育用品的主要出口国。随着欧美体育用品国际产业转移，曾经大量出口体育用品的日本和韩国等国家，已经由出口国向进口国转变，而承接产业转移的中国香港和台湾地区，依然是体育用品出口地。

3. 国际分工地位

（1）全球价值链分工地位

长期以来，我国体育用品一直处于全球价值链的低端环节，包括生产、制造和组装等，其分工地位低下，在高端环节，如研发、品牌和营销方面受到跨国公司的支配和控制。

（2）出口产品价格视角

在国际贸易中，同一种商品类型的出口价格存在差异，发达经济体所出口的

---

① 纪惠芬，杨明.我国体育用品对外贸易发展现状研究[J].中国体育科技，2021，57（10）：89-96.
② 同①.
③ 陈颀，刘波，刘志勇，等.中国体育用品全球贸易发展：现状特征与对策建议[J].体育学研究，2021，35（2）：66-76.

商品价格较高，而发展中经济体则出口价格较低的商品。

（3）出口产品的增加值角度

一些学者从增加值的角度评估某一国家或地区在全球价值链中的国际分工地位。他们认为，当一个国家或地区处于某一产业全球价值链中的品牌、研发、营销等环节时，该国家或地区会通过向其他国家或地区提供生产设备、原材料等中间品来参与全球价值链生产，从而提高该国家或地区某一产业产品的出口附加值。相反，当一个国家或地区处于某一产业全球价值链中的生产、加工、组装等环节时，它会大量使用来自其他国家或地区的中间产品来生产某一产业产品，从而导致该产业产品的出口增加值降低。近年来，我国体育用品的对外贸易形式主要以加工为主，时任国家体育总局副局长赵勇在"2017中国体育用品业高峰论坛"上特别强调："中国体育用品业真正的附加值只有30%左右在我们手上，多数都在国外，这种状况急需改变。"[①]为了提高附加值，我国必须在体育用品产业的全球价值链中扮演高端环节的角色，包括品牌塑造、研发创新和营销推广等。

（4）跨国公司的国际分工地位

在我国的体育用品对外贸易发展过程中，出现了一些跨国企业，这些企业规模较小，技术研发实力较弱，品牌价值量较小，国际市场覆盖率较低，因此它们的国际分工地位相对较弱。

近年来，我国体育用品对外贸易出口总额规模巨大，然而与之相比，进口规模总额偏小，贸易顺差巨大，这表明我国仅是体育用品对外贸易出口大国，需要进行转型升级以应对挑战。

贸易结构上来说。第一，我国的体育用品出口种类繁多，涵盖了训练、健身、竞赛等领域的运动器材设备，以及运动鞋、运动服装、户外装备、球类等低附加值、价格相对便宜的劳动密集型产品。第二，目前，我国体育用品贸易结构，主要还是以加工贸易为主导。第三，在我国的体育用品对外贸易中，CR8市场呈现出一种寡占型的市场结构，既包括出口市场的集中度，也包括进口市场的集中度。第四，在国内区域结构中，无论是出口还是进口，体育用品的贸易主要集中在东

---

① 潘子辉，陈颁. 经济新常态下中国体育用品制造业转型升级综合能力评价研究[J]. 沈阳体育学院学报，2018，37（5）：47-53.

部地区，呈现出明显的地域差异。第五，外资企业在体育用品对外贸易中占据主导地位，形成了主体结构。鉴于此，我国的体育用品对外贸易结构需要进行结构性调整、优化和升级，以保证其可持续发展。

从贸易地位来讲。第一，根据我国体育用品对外贸易的贸易竞争指数、显示性比较优势指数以及净出口显示性比较优势指数，近年来一些劳动密集型产品品类在国际市场上具有较强的竞争力，但这些指数未能深入到产品生产环节内部，从而导致我国体育用品对外贸易出口与实际国际分工地位存在背离。第二，我国体育用品在全球价值链分工地位、出口产品价格、出口产品技术含量、出口产品增加值以及跨国公司国际分工地位等方面的表现，进一步凸显了我国在对外贸易国际分工中的地位相对较低，亟待加强。

三、我国体育用品产业标准化现状

（一）体育用品产业标准化的概念

目前，体育用品产业标准化的概念和特点，可从不同角度进行描述。作为一种活动流程，其共通点是涵盖了标准制定、贯彻和修订的全过程。只有从社会实践的角度出发，践行标准，才能真正展现出标准化所带来的显著效果。同时，标准化的概念是相对的，在广度和深度上存在着程度上的差异。无论是单项标准还是整个标准体系，都呈现出逐步深化的趋势。所以，在体育产业中，通过制定标准，并推广实施，可提高体育用品产业的竞争力，以便占领更多的市场份额，从而使经济效益水平得到显著提升。

（二）我国体育用品产业标准化的现状问题

总体而言，目前我国体育产业的标准化水平仍有待提高。许多行业的体育用品标准存在着分散和缺乏统一的标准体系的问题。不同行业有不同标准，这种分散性导致其受到的重视程度不足，同时也未充分考虑体育用品的特殊性，因此很多行业和企业内部标准仍然被沿用。标准出台之后，行业也没有根据实际情况及时作出完善和修改。许多规范的制定时间可以追溯到20世纪中后期，至今已有几十个年头。随着我国近十几年的迅猛发展，当前社会实际情况已经超出了许多标准的适用范围，从而制约了体育用品产业的进一步壮大。

目前，国际标准体系已经被大多数发达国家的体育用品企业所采纳。我国在体育用品标准化方面起步相对较晚，部分企业仍然沿用传统行业标准；国家强制性标准缺乏，并且有一部分标准存在着标准低、标龄长的问题。比如，我国所生产的体育器材设备有数百种之多，但是在国际体育组织正式比赛中，仅有数十种符合国际使用标准。

我国的体育用品出口规模位居世界前列，但是在出口产品上面临着一项棘手的挑战，就是国际技术标准的限制。目前，我国高新技术体育用品领域的技术标准存在着一定的空缺。

（三）我国体育用品产业标准化的完善对策

1. 积极运用国际标准

国际标准是各国协商一致达成的共识，它体现了全球先进生产力和科学技术水平。在多边贸易中，国际标准被视为一种公正、公平、可接受的准则，是解决国际贸易争端的依据，有助于消除贸易技术上的障碍。对于我国体育用品企业而言，积极采用符合国际标准的规范和标准是至关重要的。在此基础上，推进行业的战略性结构调整，以提升国际竞争力为目标，实现跨越式发展。我国体育用品企业需要主动依照国际标准来制定企业技术战略标准，只有这样才能提高我国体育用品在国际市场上的竞争。以国际标准为指导，才能积极适应体育用品产业的竞争需求，推动其快速发展，实现产业升级。

2. 不断完善标准结构

在我国体育用品行业标准中，过去主要采取单一的强制标准，缺乏推荐性标准，因此无法满足国际市场的需求。为了应对这类情况，我们需要不断完善标准结构，将传统的标准修订和标准数量增加的侧重点转变为对标准构成的调整方向，以适应不断变化的市场需求。逐步实现从劳动密集型产品向高科技产业的标准化转型，以提高产品质量水平，提升市场竞争力。以改变过去单纯的技术标准，扩充为管理和技术同时进行。进一步完善非关税壁垒的技术基础，包括但不限于社会责任、安全、健康、卫生和环境等方面，以进一步完善标准结构。比如，根据目前实际状况，积极推行国际上的质量管理、环境管理、社会责任标准，以适应时代发展需求。

3. 把握最佳战略路径

在推动体育用品产业发展的过程中，企业应以技术专利化、专利标准化、标准许可化为主要策略方向。企业为了确立自身的技术规范，积极实施技术规范战略，并通过推广逐渐形成行业、国家和国际标准。技术标准是知识产权的集中体现，因此我国体育用品企业需要提高标准专利意识。在借鉴外国技术的基础上，企业要加大技术研发的力度，同时积极推进专利和标准化工作的开展。在建立自主知识产权的基础上，逐步将其渗透至国际标准的范畴中。

第二章　我国体育用品企业发展研究

我国体育用品业联合会副主席兼秘书长罗杰认为，我国体育用品企业的韧性很强，在出口下降的情况下，很多企业转而开拓国内市场，挖掘潜在需求的能力大幅增强。这和中央经济工作会议上提出扩大内需的要求是一致的。本章主题为我国体育用品企业发展研究，分为我国体育用品企业国际竞争力与企业政策、我国体育用品企业成长性研究两节。

第一节 我国体育用品企业国际竞争力与企业政策

一、我国体育用品企业国际竞争力

(一) 体育用品国际竞争力内涵的界定

在经济学领域中，竞争是指一个市场中，生产商品的人为争夺生产资料和销售平台，以期获取最大的利润而进行的一种竞争。因此，本书将体育用品行业的国际竞争力定义为：在市场经济环境下，对竞争对手所展示出的生存能力和持续发展能力的综合体现。

(二) 我国体育用品的国际贸易格局分析

1. 体育用品出口额与贸易顺差

我国体育用品进口额由1992年的0.4亿美元增加到2013年的5.96亿美元，年均增长13.73%；出口额由1992年的3.06亿美元增加到2013年98.58亿美元，年均增长17.98%，1992年我国体育用品贸易顺差额为2.66亿美元，2013年达到92.62亿美元，年均增长率18.42%。由此可见，1992年至2013年的22年间，我国体育用品出口额度逐年增加，贸易顺差逐渐拉大。[①]

2. 主要体育用品进口种类

2013年，我国体育用品进口种类依次是其他高尔夫球设备、完全的高尔夫俱乐部、健身房或类似设备，占比分别38.68%、21.45%、17.39%，共占体育用品进口额的77.53%。高尔夫球、乒乓球以外的其他球，网球、羽毛球或类似的球拍，高尔夫球三类用品分列进口份额的第四、五、六名，分别为6.95%、4.58%、2.5%。网球设备，膨胀的球，滑冰和溜冰，滑水、冲浪及其他水上运动设备进口额在1.9%～1.13%之间，其他类体育用品进口额都在1%之内，最少的3类用品是滑雪橇、滑雪橇系结物和冲浪帆板，分别为0.16%、0.14%、0.05%。可见，高尔夫、

[①] 布和. 中国体育用品行业发展现状 [J]. 内蒙古统计, 2014 (1): 29-30.

健身房设备是最主要的进口种类,球(除乒乓球外)和网球、羽毛球球拍也是主要进口种类。

3.体育用品主要出口种类

2013年我国体育用品出口种类的主要构成是健身房或类似设备、其他运动的用品等,分别占比41.75%、17.57%;出口额在5%以上的如膨胀的球7.52%、完全的高尔夫俱乐部用品7.14%等;在1%~5%区间内从高到低依次是滑冰和溜冰,滑水、冲浪及其他水上运动设备,高尔夫球、乒乓球以外的其他球,网球、羽毛球或类似的球拍,其他滑雪橇装备,网球设备。最后三类同样是滑雪橇系结物、滑雪橇和冲浪帆板,分别为0.32%、0.21%、0.04%。[①]

(三)我国体育用品企业的国际竞争力分析

1.我国体育用品企业国际竞争力概况

(1)国际市场占有率

我国体育用品国际市场占有率的变动趋势主要可以分为三个阶段:第一阶段为1994—1999年,该阶段我国体育用品的国际市场占有率稳定在10%左右。第二阶段为2000—2003年,国际市场占有率稳定在20%左右。第三阶段为2004年至今,国际市场占有率逐步走高,2006年达30.37%、2010年达40.85%、2013年突破50%。

(2)显示性比较优势指数

中国体育用品始终保持着较强的竞争优势,并且这种优势一直在增强。20年来显示性比较优势指数始终高于2.5,从1994年的2.83迅速增加至2013年的61.43。2002年,我国体育用品的显示性比较优势指数首次超过美国,成为体育用品业国际竞争力最强的国家,并持续至今。同时,显示性比较优势指数波动情况还显示:2002年前,增长比较慢,2002年加入世贸组织后,显示性比较优势指数增长迅速。2008年的国际经济危机,使我国体育用品业的显示性比较优势指数下降,但很快就恢复增长。[②]

[①] 钟华梅,王兆红,程冬艳.体育用品出口贸易结构的稳定性及影响因素研究[J].首都体育学院学报,2017,29(1):13-16,30.

[②] 张瑞林.我国体育用品国际贸易优势分析[J].体育学刊,2011,18(6):32-36.

2. 我国体育用品企业国际竞争力的影响因素

（1）有利因素

①我国已经成为体育用品生产大国

改革开放以来，我国的经济得到极大的发展，相应的也成为第一大体育用品生产基地。据不完全统计表明，世界半数以上的体育用品是我国生产制造的，体育用品产业每年还在以493亿元的规模递增，体育用品的生产企业约为320万家。这些都说明我国的体育用品在国际上的竞争力越来越大。

②体育用品的出口量大

目前，在我国体育用品占据国际市场的份额越来越大的情况下，我们更是应该注意品质的发展，根据商务部的统计，2010年为185亿美元，占全世界体育用品总产量的70%。到2013年从我国出口到全世界的各类体育器材、运动鞋靴、运动服装总量已经达到200.8亿美元，体育用品出口份额占出口总量的比例越来越高。[①]

（2）不利因素

①产业品牌市场占有率低

从我国的国内市场来看，一些高档的体育用品还是长期被国外的运动品牌占领。虽然我国出口的份额逐年递增，但主要是集中在代工，来料加工等低附加值的产品上。

②出口市场集中度过高

根据对我国体育用品在国际市场上的市场占有率、显示性比较优势和贸易竞争优势的综合评估，可以得出结论：我国体育用品在国际市场上具备显著的竞争优势。然而，我国的出口市场呈现出高度的集中度，主要集中在欧美发达国家，特别是美国的市场，集中度更为显著。导致此现象的主要根源在于欧美发达国家的劳动力成本居高不下，而体育用品行业的特点之一是高度密集，当企业的生产成本较高时，其利润将直接遭受损失，同时世界市场上其他产品的国际竞争力也将受到间接影响。

③产品附加值低

就出口产品结构而言，我国的体育用品出口主要集中在劳动密集型领域，而其附加功能相对较低。对于一些体育器材，如乒乓球拍、羽毛球拍、篮球鞋等能

---

① 夏璐琴，桂建鑫.我国体育用品出口现状分析[J].拳击与格斗，2020（14）：142.

够进行简单设计加工,但是对于需要高科技支持的运动器材,或者是创意性的运动鞋服,则出口占比较少。

二、我国体育用品企业政策

(一)企业政策

1. 企业政策概念

通过运用归纳法,结合不同学者从多个维度对企业政策进行的分析,我们可以将企业政策的概念概括为:政府在市场经济运作中,为应对有可能出现的市场失灵和错误导向,修正市场机制作用和优化经济发展过程,而针对企业组织、企业结构调整、企业发展所采取的全部经济政策之总和。

2. 企业政策选择本质

为了维护经济和社会的整体利益,政府在选择企业政策时,会以实现最优的社会有形和无形的资源配置为目标,以此来推动经济的可持续发展。

政府并非直接介入经济领域,而是通过制定企业政策来引导其发展方向。尽管某些特殊情况下,以法律或者政令的形式颁布,带有强烈的社会强制性,但归根结底,这与政府直接控制和参与经济活动的方式并不相同,不属于同一概念。现今已非计划经济时代,政府无法代替特定企业从事相关活动,其职责仅限于提供服务和监管,只是引路人,而企业自身的政策则是主导的方向。

政府的中长期经济发展方向和目标只有在企业发展和结构调整政策手段的指导下才能得到有效反映。通过明确的目标和时间节点,我们可以深刻地感受到目标的明确性和清晰性。宏观经济政策所追求的目标在于,确保经济的平稳运行,然而与此目标不同的是,企业的发展和结构政策往往与经济发展战略紧密相连,呈现出预先规划、长远发展、优化调整和整体协作的系统性特征。只有在相关企业部门的紧密协作下,政府方能快速而有效地制定和实施企业政策,以实现其发展目标。

(二)体育企业政策的制定原则与实施条件

1. 制定体育企业政策的基本规则

为了确保企业政策的针对性,必须深入了解国家或地区经济的各个方面,以及体育企业政策的历史演变、现状和所面临的挑战。

连续性原则要求长期政策、短期政策、宏观政策与具体政策相互衔接、互相协调，以确保政策的连续性和有效性。具体的体育政策应当与宏观的体育政策相互协调，避免各自为政的情况出现。此外，必须确保体育政策的操作具有稳定性与可持续性，倡导法治，反对因具体体育政策的执行人变化而导致的随意变化。

制定体育企业政策时，引导性原则要求其要具备前瞻性、策略性和主动性。制定体育政策时，要充分发挥顶层设计的宏观能动性，从多方面角度考虑，使政策具有无形引导力，而不能依赖于事后的修补。在借鉴国外相关经验基础上，深入研究体育企业变化的周期规律并发挥政策对体育企业的引导作用；在顺应运动企业成长周期的基础上，做到提前预测和调整，继而推动稳定和可持续发展。

2. 体育企业政策实施要求

体育企业政策要想得到有效贯彻，离不开健全的法律体制。对于体育企业政策的法律保障，有三个要求。第一，必须确保有法律权威作为基础依据，凌驾于政府权威之上。相较于人治，法治更加具有透明度和公正度。第二，必须确保体育经济法律体系更加健全。体育经济如同一块肥沃的土地，经济法的监管职责至关重要，这一点毋庸置疑。为了贯彻体育企业政策，我们需要建立一个完备、相对稳定、目标统一的法律体系，以避免内部斗争的消耗。在遇到问题和矛盾时，我们必须及时解决，并注重人性化与制度化的协调工作。第三，司法系统要遵循独立、公平、公正、公开的原则。法治远远胜过人治，因为它更加规范。

为了确保运动企业政策的有效实施，需要有发达的市场条件加持。原本运动企业政策就是市场机制的补充与修正，只有在成熟的市场条件下，才能避免其副作用的产生。然而，目前我国缺乏成熟的运动市场基础，许多人还未能意识到运动的重要性，从而导致市场相对疲软。

在当今信息化社会中，实现运动企业政策的有效落实需要具备高超的信息收集、加工和分析能力。基于充分获取信息资料的基础上，制定的运动企业政策才能够更加精准地识别市场偏差；只有在充分考虑不同利益要求的前提下，才能对政策的反馈进行科学的逆向分析，并作出相对准确的反应。同时，为了有效实施运动政策，必须确保信息反馈和联络渠道的快速和准确性，以便对体育企业政策中存在的不足和错误进行完善和纠正。

(三)体育企业政策建议

通俗地说,间接手段是指那些没有直接干预企业活动,而以经济、信息等为手段间接地施加影响,从而影响整个经济活动的手段和方法。

一是运用杠杆进行干预。通过财政,如税收、政府投资、贷款和特殊财政支持发挥作用。需要注意的是,政府采购占据着重要地位,政府采购公开化、透明化对运动企业能起到较大的刺激作用。

二是信息指导手段。包括:我国特色经济发展战略中有关体育的方面以及我国中短期经济发展规划中,与体育企业发展规划或者体育科技发展规划相关的内容;有关政府经贸活动的信息,其不仅能协调好同他国之间的经济关系,还能影响本国体育经济发展;政府及其他权威部门的数据统计,以及对各类体育科技、产品,体育有关活动的市场统计信息等;政府意向的有关信息可以保证高效、及时地传达。

第二节 我国体育用品企业的成长性

一、体育用品企业及其相关概念界定

(一)体育用品企业基础

1. 体育用品企业的定义

从体育用品及其产业的范畴来看,体育用品企业通常指生产和销售体育用品为主要业务以及相似组织。简而言之,这些企业主要集中于生产和销售并主要用来供给体育竞赛、休闲健身等需求的一些物品。

从社会再生产这样的角度去出发的话,企业是可以分成两个类型的,一个是工业企业,另一个是商业企业。工业企业顾名思义,这个企业主要的工作内容和工业性生产有关,其指的是随着科学技术的进步,采用先进性的设备,将原材料进行加工之后,通过改变一些形状或者一些产品的功能,将这些产品生产出来满足大众的需要,企业也因此从其中收获利润。商业企业和工业企业有所不同的是,主要用于一些商品的交换,获得利润是主要目的,通过直接或者间接的手段向社

会以及大众提供企业的产品及其企业上的一些服务，来满足消费者们的一个需求。现阶段，体育用品制造商非常多，包括已经上市的企业，他们主要的经营业务还是体育用品，但与此同时，他们也会参与一些商业上的贸易活动，并且有着企业自己的销售部门或者是销售公司。所以说，本书主要就是将以上提到的这些企业作为此次的研究对象，他们在商业活动过程中的成长性评价对于我们来说拥有一定程度的典型性以及实际性的参考价值。

2. 体育用品企业的特征

体育用品企业的特征总体上来讲，含有五个方面的内容。

（1）体育性

当人们在进行体育活动的过程中所采用的用品，我们就称之为体育用品，具有满足体育运动所应该有的一些理化特征等的自然属性，而且同时还具有社会属性。所以说，在对体育用品进行设计的时候，应该按照体育运动过程中实际要求来进行，并在此基础之上，进一步保证体育用品在性能或者结构等方面的特殊要求，以此将人们在实际生活锻炼或者体育竞技锻炼的效果进行提升。同时，在设计的过程中，应该有一些专业性的体育人才在场，并且应该参加进去，这样就可以依据运动项目上的差异性、人群生活需求等，设计出更具有特色、更符合人体功能性的体育用品了。

（2）消费性

在人们的实际生活过程中可以说是与体育运动紧紧联系在一起，体育用品也相当于享受型与发展型的实际的一些消费品。在现在这个不断变化的经济社会，体育运动变得越来越生活化和休闲化，越来越多的人将体育运动视为健康的生活状态，因此体育用品的需求量在不断增长。例如，运动休闲鞋和服装等产品已经成为人们日常生活中的必需品了，不再仅限于体育场馆。此外，体育用品企业的部分产品具有定向消费和集团消费的特点，因此企业应该同学校、体育部门等等的组织进行合作，以获得集团消费的订单，从而让销售渠道得到拓宽，企业的经济效益得以提升。

（3）越界性

体育用品企业的越界特征主要表现为两方面。一方面，新型的体育用品企业通过高新技术和信息化手段的运用，具备了强大的生命力和较高的生产效率，渗透到这些传统的体育用品企业中去，便逐渐形成了跨部门进行共同协作以及一起互利共赢的形势。另一方面，我国的体育用品也开始逐渐往国外进行销售，国际市场的盈利份额占得也越来越多。所以说，我国也应该对国际体育市场这块进行重视和培养，将我国的体育市场逐渐打向国际。当中国体育用品联合会成为世界体育用品联合会的一分子时，我国的体育用品企业便成功加入到了国际体育用品行业中，我国的体育用品企业应该积极参加海外体育用品博览会，展示企业形象，深化国际交流与经贸合作，提高企业的知名度和品牌影响力。

（4）劳动密集型

在我国，体育用品企业和鞋服制造企业所生产的产品通常需要较多的人力资源，因为它们属于劳动密集型产业。因此，这些企业的管理者需要重视人力资源方面的开发与管理工作，同时应该与企业内部以及外部的关系保持好，维持在一个良好的状态，这其中主要是有着三个层面的关系，分别为：员工与员工、企业与员工以及企业与社会。

（5）安全性

生产企业应该对体育用品的某些方面加以特别的关注，比如安全性能。因为这些产品与消费者的身体健康密切相关，而质量的好坏直接决定了消费者的安全。体育用品的安全要求较高，例如运动护具需要具有防护功能，运动器械需要具有贴身性能，运动服装鞋帽需要符合人体近身要求等。此外，体育运动的形式和强度超出了日常生活活动的一个范围，因此需要特殊的体育用品规格、结构、外观、理化性能等。有时候专业性能的鞋子在与普通鞋子进行比较的时候，其在拉伸强度方面有着3倍之差。而且这些体育用品生产出来应该同国家以及行业的标准保持一致，那些在一些正式比赛中用到的产品同时还要与各种各样的规则和制度、专项的运动协会相一致。

3. 体育用品企业的分类

本书主要采用了"用途关联分类法"来定义和分类体育用品企业。这种方法将具备一样或者类似的商品用途的企业经济活动组合在一起，以此来将体育用品的这些企业来加以确定或者区分。

体育用品企业涉及很多其他的领域，比如说轻工业、电子等。以上的用途关联分类方法也是以国家标准等多个参考标准为基础的，并且考虑了国际体育用品组织的通行规则进行类型上的划分。这样将体育用品的这些企业就分为三个类别：体育器材制造企业、运动服装制造企业和运动鞋制造企业。而每个类别都包含三层内容，以更加细致和全面地刻画体育用品企业的特征。

第一层次的划分依据为《国民经济行业分类》的中小类，把一件或者那些一个整套的运动服饰的企业纳入了运动服装制造类型的企业，把穿的运动方面的鞋子等这些企业纳入了运动鞋制造类型的企业。除了以上这两种，其他有关产品的企业纳入了体育器材制造类型的企业。

第二层次主要是按照一些产品的使用上面的性能来加以区分的。举例来说，竞技运动制造企业就将其划分为了一般性能的运动项目方面的器材、冰上的运动方面的器材等等，这种划分有助于细分体育用品市场，并实施更精细的营销策略。

第三层次是对体育用品的具体品种进行划分，可实现统一的统计口径和范围，有助于构建完整的体育用品产业指标体系，对我国体育用品产业进行量化分析，全面对行业的一个运行过程来加以了解，这样对于选择哪些项目也十分有帮助。

在上文提到了体育用品企业的界定和分类方法，同时，也把我们国家处于什么样的一个国情、部分处在什么样的管理状态以及哪些体育运动具备什么样的特色都纳入了一个考虑的范围，而且这些都是和当今社会国际市场上的分类方法一样的。这样在同世界体育用品联合会进行沟通的时候会变得十分便利。

（二）体育用品企业成长性

20 世纪 80 年代，管理学界与学术界在看待企业成长与发展、演进等这些概念的理解趋于一致，通常使用的是成长这个词语。这种理解借鉴了生物学中有机体发展机制的过程来描述企业的发展，将成长看作企业生命力的一个演进过程，觉得组织演进和企业成长之间的关系是相互之间进行依存。有学者认为，一个成长的组织，一定具备高效性。彭罗斯曾经提到过，企业成长是一个过程，企业成长性的表现不仅包括产出、营业收入和规模等量的增长，还包括结构、能力和效率等质的方面的一个提升。[①]

像体育用品这个行业关于它的企业成长和其他的企业是具有差异性的，其具有独有的特色。像体育用品这样的企业在成长方面可以说是一种可持续的行为，

---

① 吴永林.创造优秀北京高技术企业成长问题研究[M].北京：中国经济出版社，2009.

主要体现在质量上互相变化、不断上升的过程。上面所提到的成长不仅包含外在的成长，如利润等，也包括内在的成长，如无形资源、创新能力和适应环境的能力等。体育用品企业的成长是一个动态的发展过程，质量和数量相互作用，它是一个从无序变到有序，或从一种有序到另一种有序的变化过程。

体育用品企业成长性的典型特征，主要有以下三点：

第一，从成长的规模的角度进行出发，体育的资源首先是企业进行成长所必需的。这些企业在成长的初期，其条件含有地理等方面。其中，这些体育资源又包含有形和无形上面的资源，还包含有一些品牌上面的资源，等等。借助当今体育资源的潜力，去开发和创造全新的资源及其与之相关衍生的一些产品，就能够为体育用品企业创造新的商机和成长空间，满足并吸引更多的消费者。

第二，就成长的机制上看，体育用品企业如果能够健康且持续的成长，需要建立在一个良好的成长环境的基础上。其主要包含有科技、经济等方面。当今社会在逐渐进步，体育行业在逐渐庞大，体育用品企业的竞争日益增强。在这种情况下，体育人才，尤其是创意人才，他们都将是在企业发展过程中的核心，同时拥有着创造和创新性的人才也同样将大大促进企业的发展。

第三，就体育用品企业而言，他们需要注重经济效益以及社会效益，以达到良好的成长效果。这些企业提供专业的体育用品，其产品既需要在经济上可行，也需要有安全和康乐的内涵，以满足消费者需求。在企业成长的过程中，经济效益是必要条件，但社会效益则是充分条件。因此，这些企业需要具备高水平的管理、盈利、营运和偿债能力。同时，政策也需要对体育产业进行调节，以实现其社会效益。对于社会效益方面不错，但是经济效益不是很好的，并且可能在未来会得到好的发展潜能的这些企业，就可以借助一些当地的政策或者国家一些有关规定，对其进行照顾和扶持，能够让他们健康并长久地进行成长。

二、体育用品企业成长性理论

（一）体育用品企业成长性理论基础

在西方企业成长理论中，大致可以分为两个主要的板块：古典企业成长思想和现代企业成长理论。

1. 古典企业成长思想

（1）古典企业成长思想起源

古典经济学中认为，企业如果能够得以成长的一个核心要素就在于能够建立分工的规模经济利益。通过实现专业化的分工，企业能够将生产上面的一个效率进行提高，而且可以不断地进行规模上的扩充，并进行企业方面上的一个积累，从而让规模性的经济效应得以实现，实现企业的进步与成长。亚当·斯密、约翰·穆勒和马歇尔等就是这类思想的代表人物。

在《国民财富的性质和原因的研究》一书中，亚当·斯密就对企业成长的思想进行了阐述。他觉得，在企业实现分工，就可以提高劳动的生产力，同时也让技能与判断力得到提高。利用分工的协作与专业化，报酬会不断进行增加，这是市场机制所造成的。市场机制会使企业产生和成长，并促进国民财富的增加。可以概括为，市场的规模大小以及分工程度的强弱，这些因素就能决定这个企业是否能够成长。所以说，每一个企业他们分工方面的程度都是不一样的，这个企业什么时候能够进行成长也是不确定的，换句话说，就是"市场—技术结构"是企业成长的决定条件，也是企业规模大小的重要原因。

约翰·穆勒的观点中认为，企业的一个资本量才是企业规模的一个决定性因素，企业规模如果越大的话，那么这些专业上的分工也就会变得更细，这样企业工人在工作的熟练度上就会大大改善，工人们对工作充满热情，生产的效率就会有所提升。到最终，小的企业被大的企业所取代，这也就成为一种必然的趋势，所以说，穆勒的企业的成长理论能够将其总结为企业规模经济理论。①

马歇尔是古典经济学领域的重要学者，他在《经济学原理》中全面探讨了企业成长的问题，系统性地从企业规模经济理论等角度论述了企业成长理论。马歇尔认为，企业成长是相互进行协调的这样的一个过程，受到企业外部环境和内部资源的影响。他把企业成长的因素简单归结为足够的外部市场空间和内部制度以及管理效益。假如说以上提到的这些内容都是十分顺利的话，那么企业就会成为这个行业的一个垄断者，但是马歇尔还认为，企业成长的过程中从某种角度来看会受到企业家个人寿命和能力这些方面的限制，但假如企业家能够创建并且使用

---

① 约翰·穆勒.论政治经济学的若干未定问题 [M].北京：商务印书馆，2017.

一种比之前更加有用的制度安排的话，就有机会突破企业持续成长与企业家个人寿命有限的限制。①

（2）古典企业成长思想简评

古典经济学理论虽然强调了分工和专业化对企业生产率的提高作用，但对企业本质和内部因素的分析比较零散，并且形不成一个系统，忽略了企业自身能力等内部因素，过分强调了外部因素对企业成长的影响。该理论认为决定企业生产率的变量可以说是一些外部的变量，企业成长是通过这些产业集中度、成本结构等的这些外部要素来进行驱动的，从市场供需分析出发。这种规模经济理论并没有市场约束概念，不能轻易地从全面来对企业成长的动因或者过程进行解释。

2. 现代企业成长理论

企业成长理论起源于对大规模生产规律的研究，随后从企业经营管理的角度分析现代的企业成长理论。现代的企业成长理论主要包含企业资源成长理论（以彭罗斯为代表）、企业成长阶段论（以格雷纳为代表）、企业成长边界理论（以奥利弗·威廉姆森为代表）、企业核心能力理论（以普哈拉和哈默为代表）以及动态适应论的企业成长理论等。这些理论从不同的角度和层面对企业成长的过程和动因进行分析，丰富了我们对企业成长的认识。

（1）以彭罗斯为代表的企业资源成长理论

企业要获得利润，需要具备优越的资源，并且能够有效地去将这些资源进行配置，同时要不断地更新管理理念，挖掘充分可利用的一些资源，并且不断地将规模进行扩大，从事多元化经营等方式进而实现企业的一个进步与成长。然而，彭罗斯的理论并没有将外部环境因素的作用进行考虑，可能是因为当时企业经营环境相对稳定，不确定性较小，因此相对于外部环境他更加看重的是企业内部的一个资源情况。

（2）以格雷纳为代表的企业成长阶段论

企业在发展过程中难免会遇到危机，但只要能够克服这些危机，就有机会获得新生并实现进一步的壮大。企业的成长态势可以分为短暂的停滞、迅猛的发展

---

① 阿尔弗雷德·马歇尔. 马歇尔文集 第2卷：经济学原理（上）[M]. 朱志泰, 译. 北京：商务印书馆，2019.

和波浪式前进。在这个过程中，企业家精神、技术和管理的创新以及协作机制都起着至关重要的作用。

（3）以普哈拉和哈默为代表的企业核心能力理论

企业的核心能力不同于实体设备，它并不会因为高频率以及长时间的使用从而降低价值。相反，核心能力理论可以对技术研发和市场这两个方面的创新提供一些指导。企业的利润和绩效是核心能力的最终表现。企业可以利用其核心能力，进而建立独有的核心产品，这些产品可以让顾客感知他们的与众不同，并满足顾客的真实需求。当产品生命周期在逐渐变短，并且跨国经营变得越来越多的时候，企业应该发展特殊的能力，只有这样才可以将生产经营活动持续进行，并且对新的产品进行研发，并且不断地开拓新的市场，从而形成持续的竞争优势，成为市场上的大赢家。

（4）以奥利弗·威廉姆森为代表的企业成长边界理论

科斯的企业边界理论是威廉姆森企业边界理论的基础。然而，科斯的理论并不能完全回答"企业内交易与市场交易"的决定因素究竟是什么的这个问题。相比之下，威廉姆森的企业边界理论借助引入资产专用性等这些重要变量，能够在回答这一难题上更加具备科学性。威廉姆森的企业边界理论包括在其市场治理以及企业治理选择的启发式模型、治理结构与交易匹配理论和组织形式的分立结构分析中。这一理论的研究使我们更加深入地了解市场经济微观制度，同时为企业的"并购"决策提供了有用的指导原则。

（5）动态适应论的企业成长理论

在不断变化的市场环境中，只依靠既有优势的企业很容易被更富于创新的竞争对手所超越，这被称为"超竞争现象"。在超竞争的环境中，企业的特殊能力或核心能力都不能轻易地确定企业可以拥有多久的竞争优势，因此说如果想要保持行业领先地位，就要不断追求短暂优势，并且通过不断创新来获得竞争优势。

企业的能力具有一定的"模糊性"特征，因此很难准确地识别企业自身的竞争优势。企业能力主要靠组织的积累性学习获得，不是可以直接从市场上购买的竞争要素。企业学习的过程是慢慢积累，并不是一下就能完成的，调整企业能力（包括关键技能和隐性知识）的阻力非常大。企业能力受到互补性专用资产的制约，而且往往存在惯性，使得企业在超越竞争的环境中难以作出非常大的一个改变。企业成长更多地可能会受到一些不能预测的原因的作用，只有那些具备动态战略适应性和敏捷反应外部环境变化的企业，才能在竞争中生存和发展。所以说，企业为了能够拥有更加长久的一个竞争上的优势，就应该拥有"创造性毁灭"的能力。

（二）现代企业成长理论评述及启示

不同的学者对于企业成长的定义和评估方式存在差异，但普遍认为，企业的成长包括量的增长和质的提高这两个方面。量的增长相对容易识别、衡量，主要关注营业收入、员工数量等指标。而制约企业成长的因素则包括内部因素和经济因素，如企业的战略和经营管理，以及外部因素和制度性因素，如一些行业结构和市场行为等。所以，随着时代的变迁，企业成长理论也不断演进，研究的视角和重点也变得多样化，形成了多种研究结论。

现代企业管理理论主要从企业内部入手，探寻推动企业成长的原动力。企业资源成长理论强调企业资源的基础性价值，认为企业成长的目的是实现经济成长而不是单纯的规模扩张，摆脱了传统规模经济思维的定势，更加强调企业内部独特资源对企业成长的重要性。但可惜的是，这一理论并没有考虑外部环境因素对企业成长的影响，也没有充分讨论有效的企业管理供给如何形成。

这段话讨论了几种企业成长理论，每种理论都有其优点和局限性。企业成长阶段论主要描述企业生命周期现象，对企业诊断有很大的实践意义，但未能解释生命周期现象的根本原因。企业核心能力理论强调企业内部资源和关键技术对企业成长的重要性，但却忽视了外部环境的作用。企业成长边界理论则过分关注交易费用而忽略了交易效率以及对企业资源和能力的培育。最后，动态适应论强调企业应具备创新能力以适应不断变化的市场环境，但同时也需要克服旧有思维方式的阻力，这是一个具有挑战性的问题。

在当今动态复杂的市场竞争环境中，企业的成长越来越受到外部环境因素的影响。现代的企业成长理论认为，将竞争对手击败并以此来实现企业成长是市场竞争关系的研究成果，但这种理论并没有对与竞争对手一起成长的这个可能性进行考虑，即基于"竞争—合作"关系的成长模式。所以说，关注企业外部环境因素对企业成长的影响，将内外因素整合起来，可以把企业成长的真实过程或者一些成因揭露出来。本书将从这个角度入手进行探索性研究，即在传统的"企业资源—企业能力—企业成长"研究范式的基础上，加入企业成长这个环境的因素，并且将体育用品行业进行结合，融合企业的特点，进而提出体育用品企业"资源—能力—环境—企业成长"评价理论模型。

（三）体育用品企业成长性评价理论模型构建

1. 传统"企业资源—企业能力—企业成长"研究范式

企业可以看作资源的汇集体，企业的资源和能力，这两者一起才使得企业不断的成长。企业方面资源的丰富程度决定着企业能力的大小，而企业能力的大小则对其成长的路径、速度和极限具有一定的作用。企业成长始终源于企业内部的推动力，只有管理的服务供给才能真正将企业拥有的资源转变成为企业进行成长方面的资源。这种研究范式突出了企业资源、独特能力以及知识的重要性，并突出说明了在企业持续成长过程中原始资源所起到的基础作用，而利润则被视为企业扩张或者是成长的必要条件。

传统的研究范式（"企业资源—企业能力—企业成长"）将企业成长视为企业资源、能力与成长之间的静态关系，忽略了环境因素对企业成长的影响和环境适应性的研究。这或许是因为在当时，环境政策相对简单，跨国企业和全球化趋势也没有像今天这样发展快速。对于体育用品企业而言，企业的资源和能力只是成长的起点，而规模经济效应并非最终目标。在变化多端的市场环境中，体育用品企业必须依据自身资源和能力的条件，适应市场竞争和国家政策的变化，将经营发展的策略来进行调整，以寻求适合企业成长的合理机制。如果只关注企业内部而忽视了外部的环境，就会很容易导致战略上的错误，从而难以获得或彻底失去竞争优势。

2. 体育用品企业成长性"RAE-G"评价理论模型

潘罗斯（Penrose）的企业成长理念在学术界引起了不少人对企业成长上的关注。随后，普哈拉、哈默、沃纳菲尔特等学者对这一理念进行了丰富和完善，从而形成了两个主要的研究分支：企业资源论和企业能力论。企业资源论的开端可以追溯到沃纳菲尔特的《企业资源学说》一文，而企业能力论则以普哈拉和哈默在20世纪90年代所著的《公司核心能力》一文为标志。

（1）体育用品企业资源

企业竞争力的基础在于不断构造不能轻易进行复制的一些无形资源。这些无形资源主要包含：企业文化、技术创新、知识产权和管理模式等。有部分学者将企业资源分为有形资源、无形资源以及能力三种，也有人将其分成了以产权作为基础的资源，以及将知识作为基础的资源。杜慕群指出了资源、环境、能力、战略和竞争优势的分析框架，并对以上提到的这些优势之间的一个因果关系进行了揭示。其中，资源包括有形资源（如财务资源、实物资产等）、无形资源（如技术、专利、商誉等）以及人力资源，而人力资源及其创新能力是至关重要的。[①]

1912年，熊彼特提出了创新是现代经济发展的主要动力，这种内部自身创造性的变动会不断地破坏旧的经济结构、创造新的结构，也被称为"创造性破坏"。[②] 罗默在此基础上发展了内生增长理论，他觉得好的创意和技术创新推动经济发展，知识的共享和传播是经济增长的关键。在新经济条件下，经济增长依靠更好的方法和创新，而不是特别轻易地去增加次数。产品和生产流程的创新是经济增长的最好结果。[③]

罗默基于此提出了内生增长理论，认为优秀的创意和技术创新是推动经济发展的重要因素，而知识的共享与传播则是实现经济增长的重点。在新的经济环境下，经济增长不再是简单地追求数量上的增加，而是依赖于更加先进的方法和创新。通过产品和生产流程的创新，才能实现经济增长的最好效果。

1912年，熊彼特提出，资本和劳动并不是现代经济发展的核心动力，创新才是。基于此，罗默进一步发展了内生增长理论，觉得卓越的创意和技术创新是推动经济发展的主要力量，而促进经济增长的核心应该是知识的共享与传播。全新的环境，经济增长依赖于更加先进的方法和创新，而不是简单地增加数量。所以，通过产品和生产流程的创新才能实现经济增长的最好效果。

（2）体育用品企业能力

企业可以看作其所拥有的各种资源和能力的集合，这些能力主要由知识、经

[①] 杜慕群. 企业核心竞争力：理论、实证与案例 以IT制造业企业为例[M]. 北京：经济科学出版社，2004.

[②] 约瑟夫·熊彼特. 经济发展理论[M]. 何畏，易家详，译. 北京：商务印书馆，2020.

[③] 戴维·罗默. 罗默《高级宏观经济学》题解指南 第5版[M]. 上海：上海财经大学出版社，2020.

验和技能组成，反映了企业管理水平的高低，对企业绩效产生直接影响。彭罗斯认为，并不是所有的资源都可以是企业持续成长的源泉，而是在特定的经济环境下，企业的竞争优势既来自于其独特的资源，也来自于企业配置资源的能力。实际上，资源和能力是两个不同的概念。能力是指企业在认识问题、分析问题和解决问题方面的基本技能，可以说是企业利用资源的能力，也是配置企业资源、完成特定任务的水平。企业核心能力学派的代表（普哈拉和哈默）觉得企业的竞争优势源于企业的核心能力，也就是企业在发展、配置和保护资源方面的能力。

20世纪90年代，人们开始关注企业能力的动态发展方面的一个问题。一些学者提出，动态能力主要包含更新能力和延展能力两个方面，它们使企业可以不断去配合战略变化的需要，是企业重点中的高级资源。另外一些研究发现，动态能力是一种指导企业资源重构、演进和运营的能力。企业资源重构和能力整合的目的是发挥企业能力，为客户创造新的解决方案。基于这个基础，还有人提出了新的动态能力分析框架，将动态能力分为机会识别能力、把握机会能力和重构能力三种类型。

（3）体育用品企业环境

企业能否成长取决于其资源转化能力和企业与环境的协调性。组织环境包括一切现实或潜在影响组织的因素，随着环境日益复杂，学者们从不同学科背景和角度研究企业与环境的关系，主要关注企业和环境之间的互动、环境对企业的成长会造成什么样的影响以及企业如何适应环境。

权变理论指出最佳的组织方式并不存在，而是应该根据环境的特点来调整组织方式。企业的组织方式应该与环境相适配，只有这样才能使企业适应环境的要求。20世纪60年代的美国经济学家，基于环境的不确定性，提出了机械性与有机性两种组织形式的特征。机械性组织适应于相对稳定的外部环境，具有管理制度清晰、权责分明、组织规范和集权等特点，决策主要由企业高层管理者作出。然而，在快速变化的环境中，组织内部的结构相对灵活，有较高的自由度和适应能力，规章制度通常是隐性的，权力层级相对模糊，决策权分散，这种管理系统被称为有机性系统。

2002年，佛罗里达出版了《创意阶层的崛起》一书，旨在研究创意经济对全球的影响。他把创意工作定义为容易进行传播与能够广泛进行使用的新形式或者说是新设计,并对创意阶层的兴起、特征、生活方式和价值观进行了阐述。佛罗里达认为,创意阶层的工作动力源于激情而不是其他方面的原因。根据作者的观点,创意社会的结构是由多个新制度体系综合构成的,这些体系包括技术创新和创业活动的新体系、新颖高效的生产和服务模式,及其推动各种创意活动的宽松的社会、文化和地域环境等三个部分。[①] 佛罗里达的创意经济理论可以为体育用品企业的成长环境评估指标提供重要启示。首先,创意阶层是体育用品产业成长的重要推动力;其次,创意阶层的创造力源于一个蓬勃发展的创意生态环境;最后,创意经济的繁荣发展需要依赖"3Ts":技术(Technology)、人才(Talent)和宽容度(Tolerance)。

商业生态系统理论强调企业与其环境——商业生态系统之间的相互依存和共生关系。商业生态系统的概念超越了传统的产业这一个范畴,它不仅包含有企业本身,还包括顾客、市场媒介、供应商,还有竞争对手、媒体和监管机构等外部因素。近年来,对企业生态绩效的研究逐渐深入,生态绩效已经是评价企业可持续发展前景的一个非常重要的参数。生态绩效同企业资源生产力和核心竞争力密切相关。组成生态绩效当中,企业的生态经济业绩和环境质量业绩是其中非常重要的因素。生态经济业绩反映生态收入与生态支出这两者之间的不同,而生态质量业绩则包含有环境法规遵守情况、生态保护和破坏,以及未来目标等。企业需要注重环境保护,采用创新的绿色生产技术和管理方式,开发并且生产全新的环保产品,并以此来降低对生态环境的不良影响,同时获取与之相应的一个经济与社会效益。在这里面主要包含环境质量方面的一个绩效和环境方面的财务绩效。商业生态系统理论中提到,企业如果想要在新经济环境中进行发展并且不断壮大,必然应该对环境、对组织生存和发展的影响进行关注和重视,因为环境因素的快速变化对企业具有重要影响。

总体来说,一个体育用品企业的成长优势和战略取决于其拥有的成长资源和能力,同时还受到其所在的成长环境的作用。这些要素相互作用,一起对企业的成长性起到了决定性的作用。本书提出了中国体育用品企业"资源—能力—环境—成长性"评价理论模型,也称为"RAE-G"评价理论模型。

以上文所述,体育用品企业的资源包含有形、无形、人力和品牌资源;企业

---

① 理查德·佛罗里达.创意阶层的崛起[M].司徒爱勤,译.北京:中信出版社,2010.

的能力则包含创新、管理、运营、偿债、市场预测和盈利能力；企业成长环境则包含科技、融资、社会、经济环境支持力和环境适应力。这些成长资源和成长能力的协同发挥，有助于构建企业的竞争优势与战略，同时有着企业成长环境的一个支持，可以进一步来实现企业规模和边界的扩大。

总的来说，体育用品企业的成长性是由内部成长资源和能力的协同作用与外部成长环境因素的相互作用共同决定的。企业的成长资源和能力形成竞争优势和战略，而成长环境则提供支撑和推动力。综合考虑这三个因素，我们可以构建"RAE-G"评价理论模型，以综合评估体育用品企业的成长性。

第三章　我国体育用品品牌建设

随着几十年的发展，我国体育用品企业逐渐打造出一些有影响力和竞争力的本土品牌，如李宁、安踏、匹克、361°等。这些品牌的发展直接关系我国在国际上的体育用品的一个竞争实力，所以说关注并且支持本土品牌的成长对于我们的战略发展至关重要。本章主要探讨我国体育用品品牌建设，分为三个部分：我国体育用品品牌竞争力建设、我国体育用品本土品牌构建、我国体育用品品牌化战略。

第一节　我国体育用品品牌竞争力建设

体育用品品牌竞争力的培育涉及体育用品企业、市场和政府三个主体，体育用品企业是品牌竞争力的主体，市场是品牌竞争力的基础和支撑，政府是品牌竞争力的指导者和推动者。体育用品品牌竞争力的培育是一个从商标建设开始，逐步提升到国际品牌这样一个动态过程，与此同时，其也是一个系统工程，包括从竞争力的打造到产品竞争力建设，再到品牌竞争力的强化。

一、我国体育用品品牌竞争力培育对策

到目前为止，提高品牌竞争力的策略丰富多样，各有不同，考虑到体育用品制造企业的实际情况，我们提出了"一个主体、两个注册、三个打造"的策略方针，以提升我国体育用品品牌的竞争实力。

（一）把握企业主体地位

体育用品品牌的成功建立取决于所属企业的努力，政府、市场和消费者只是支持因素。提升企业的竞争力是培育品牌竞争力的关键，企业竞争力主要包括知识产权的创造和管理、管理创新和人才资源等。企业整体竞争实力在提升的同时，品牌的竞争实力一定会随之增强。一个竞争实力不强的企业难以拥有具有竞争优势的品牌。因此，企业竞争力是品牌竞争力的重要动力源。

在体育用品制造企业中，品牌竞争力是至关重要的，它是企业竞争力的核心。如果企业的品牌具有强大的竞争优势，那么它将带动企业竞争能力和水平的不断提高。

首先，体育用品制造企业要充分认识到品牌是一种重要的战略资源。相对于一般的物质资源，体育用品品牌资源是一种无形资产，具有稀缺性和战略性，其带来的价值不仅仅是市场销量和溢价收入，更是企业在市场竞争中的核心竞争力。没有品牌，即使拥有再多的有形资产，企业的利润可能也会是"零"。

其次，体育用品制造企业应该注重并且合理地进行品牌管理。合理的品牌管

理应该始于体育用品商标的注册,并且在经营过程中持续去提升企业的品牌培育能力与水平。此外,还应该制定相应的品牌竞争战略规划并且加以实施,探索出与本企业适配的品牌成长模式,进而实现品牌从普通品牌到国际名牌的良性发展之路。

(二)重视行政注册和市场消费者注册

商标的腾飞需要依靠两只翅膀:行政注册和市场消费者注册。行政注册提供了法律保障,是市场注册的前提和基础,而市场消费者注册则是行政注册的归宿和升华,为商标的腾飞提供了市场基础。

1. 行政注册

保护商标是体育用品制造企业品牌建设的重要环节。商标行政注册是品牌保护的第一道防线,也是体育用品企业产品进入市场的必要条件。大多数国家都采用商标注册在先的原则,因此,为了确保企业生产的体育用品能够顺利进入市场并获得优势,企业应主动申请体育用品商标的国内或国际注册。若不注册或注册滞后,就可能被他人抢注,或失去市场竞争的优势,这是一个经验教训。

首先,体育用品制造企业在申请商标注册时,应该确保商标在文字、图案、色彩组合等方面具有显著性。商标的显著性不仅是商标主管部门审查的必要条件,也能从中体现出品牌的个性化,进而保证了品牌在消费者中的识别度和注册量。例如,耐克和阿迪达斯的商标都具有显著性。

其次,建立品牌应该从商标注册开始。商标注册仅仅是品牌战略的起点,而不是终点,商标只有在产品进入市场后才能转变成充满市场魅力的品牌。随着体育用品企业对品牌的不断积累和投入,品牌的市场占有率会逐渐提高,品牌也会逐渐被消费者认可。这时,驰名商标便应运而生,它是品牌竞争力培育的一个重要阶段,也是一种保护状态。当驰名商标经过不断培育和保护力度的加强,体育用品制造企业也将会拥有成为国际品牌的资本与实力。

2. 消费者注册

体育用品品牌不仅可以为体育用品制造企业带来利润,还能为众多的体育用品消费者创造出一定的价值。消费者购买体育用品不仅能获得基本的使用价值,还能从品牌所表达的体育精神以及文化价值中获得一定程度的精神满足,因此愿意为品牌支付溢价。这样针对体育用品制造的企业来说,销售产品可以获得溢价收益，同时通过投入体育精神和品牌资源等方面的努力，可以增强品牌竞争力，提高溢价收益。因此，品牌资产具有重要的价值。

消费者"注册度"是怎么样进行衡量的呢？衡量消费者对某一体育用品品牌的认可度和忠诚度的指标就是消费者的"注册度"，即该品牌的销售额。每次消费品牌商品都代表了一次"注册"，而重复购买则代表了重复"注册"。消费者"注册"的次数越多，说明他们对该品牌的认可度和忠诚度越高，也表明该品牌在市场上的竞争力越强，市场占有率越高。

（三）提升体育用品企业品牌管理水平

过去的营销理论大多是从产品本身的特点出发，制定相关的营销策略，但这种方式往往不够精准，无法保证消费者能够接受产品的特点。现代营销更注重满足消费者需求，从消费者需要的角度出发，设计出能够满足需求的产品，并从中提炼出卖点，制定相应的营销策略。迪卡侬在我国体育用品市场备受青睐的原因是，他们每年推出上千种运动产品，针对当下的时尚潮流更新产品，涵盖了60多种体育运动项目以及各种运动食品、运动护具等运动产品。这种方法有助于满足消费者的需求，进而获得更高的销售量。迪卡侬的产品最吸引人的特点在于其能够满足不同年龄层次消费者的需求，同时还根据不同运动项目的特点推出初级到高级的不同特性产品。参加体育用品博览会和赞助体育活动是了解品牌目标客户特征的有效方法，比如年龄阶段、所关注的产品类型和期望产品等。通过这些方法，可以连接目标人群的特点，开发符合他们喜好的产品，并用他们喜好的语言进行沟通，这样才能达到有效的效果。此外，制定新的广告标语和品牌口号时，也要符合当下的语言沟通方式。

（四）着眼品牌知名度与忠诚度建设

品牌是消费者心目中的代名词或象征，它决定着一个品牌的命运。品牌消费让消费者不仅获得了产品实际使用价值，而且让消费者在心理和精神上得到了满足。所以说，消费者乐意支付比实际使用价值更高的一个价位。

一个体育用品企业的最终目标是在销售产品的同时获得品牌溢价。要让消费者对品牌忠诚，就需要让他们了解品牌并对其产生期待。满足消费者不断追求更好的使用体验的本性，制造新鲜感和惊喜，才能留住客户。提高顾客对品牌的忠诚度是品牌营销的核心追求。品牌价值取决于顾客对其忠诚度的程度，所以说体育用品企业应该同客户进行深入的接触，以便更加清楚地了解客户的需求，有着哪些建议与期望，通过不断的沟通，来取得有效的反馈信息，逐渐建立品牌与客户之间的信任和联系，培养并提升客户的一个忠诚度，并根据反馈不断改进销售服务。

（五）加强产品研发与技术创新

在体育用品企业市场竞争中，产品品牌的竞争是决定优劣的关键。为了在激烈的竞争中取得优势，企业必须在产品创新方面下功夫。然而，由于我国体育用品产业相对于国外起步较晚，技术方面准备并不是很充足，高端技术人才也相对较少。体育用品的生产需要涉及材料学、人体工程学、运动力学等多方面的与之有关的领域，因此，某些技术领域需要依靠国外专家和学者的协助才能完成。举例来说，李宁公司花费了长时间的研究开发，还联合了其他体育品牌企业技术设计师以及一些国内外设计师，他们一同进行了数不清的实验后，成功研发出了"李宁弓"系列运动鞋。这一技术的成功研发提升了李宁公司的技术竞争力，也对品牌的提升产生了积极作用。对于足球、篮球、跑步、训练、羽毛球、乒乓球和户外这六类专业训练类产品，李宁应该注重强调其高科技含量，用来满足消费者专业化运动的需求。还需要加大对足球领域的投资，足球是全球最受欢迎的运动之一，在我国足球改革浪潮中，对足球体育用品市场的需求不断增长。此外，羽毛球和乒乓球在我国也十分受欢迎，因此在这两个市场上抓住机遇并开发中高端产品也是非常重要的。

（六）加强品牌聚焦和文化定位

在品牌的建立、维护和完善过程中，除了需要有强有力的基础设施，还需要不断了解市场的最新动向，调查并研究消费者的心理和情感，才能建立长久的品牌忠诚度。建立一个品牌通常需要花费数年时间，而且要具有一定的影响力，使品牌不易受市场变化而改变，这是品牌独特性的特点。面对国际体育品牌已经占据的市场份额，国内体育用品企业需要改变传统的生产经营模式。他们可以考虑收缩产品线，专注于某一品类细分领域，以便在消费者心目中树立起专业化的产品认知。此外，还要注重文化定位，要与当代时尚理念相符，在品牌中注入全新的一个价值理念，顾客这样就可以把品牌、产品和价值理念联系起来，在消费者与品牌之间建立起信任感和忠诚度。

（七）着力"三个打造"

体育用品制造企业主要是"三个打造"，也就是说要"固根""强心""健腿"。

1. 固根

"固根"指的是加强体育用品的质量管理，稳固其在质量方面的竞争优势。这是体育用品品牌竞争力的基础。只有基础稳固，品牌才能有更强的影响力。

首先，要加大研发投入。只有通过投入足够的研发团队和项目，不断进行新产品设计、新材料开发、新功能挖掘，才能持续获得技术创新成果。

其次，需要重视将技术创新成果转化为知识产权。体育用品企业在技术创新方面不断取得进展，但如果不能及时保护自己的创新成果，就可能被竞争对手复制或模仿。因此，我们需要利用专利、商业机密或版权等制度，保护自己的独家使用权，巩固在市场上产品质量、功能和成本等方面的竞争优势。

最后，重视体育用品技术标准非常重要。因为体育用品与人体生命健康紧密相关，国际上有许多各种各样的技术标准。一些国家甚至将技术标准作为市场准入的门槛，只有达到标准的产品才能进入市场。因此，我国体育用品企业应该积极参与并逐渐引领体育用品相关国际标准的制定，提高采标率，并努力突破发达国家在技术方面的壁垒。

2. 强心

"强心"就是要让体育用品品牌更加强大，让它们的体育文化内涵更加突出。体育用品品牌的核心和支柱就是它们独特的体育精神文化。消费者对体育用品的追求和满足，主要体现在品牌的文化内涵上。这个文化内涵主要来源于企业文化、商标文化和体育文化。

品牌文化的来源之一是体育用品企业的企业文化。企业文化是经营过程中长期以来形成的文化观念、价值观念、传统风格和行为规范等的融合形态和表现。品牌文化实际上反映了企业的文化和价值理念。

品牌文化的来源之二是商标文化。体育用品企业在商标设计使用和管理过程中形成了企业的价值追求、设计风格、经营和管理的观念，商标文化可以说是品牌文化的最直接的一个来源。

体育用品品牌文化核心的来源之三是体育文化。体育文化是体育用品独特性的根源，能够让消费者在心理上得到共鸣，以及在价值方面得到认同，是完成消费者注册最重要的品牌文化。

所以说，我国的体育用品制造企业需要从以上三个方向进行入手，将"增强核心竞争力"作为企业品牌竞争力培育的长期任务。这需要将体育用品品牌文化优势进行精心打造，将体育精神展现出来，将体育风格突出，同时体育核心价值观也要逐渐凝练，最终打造我国体育用品品牌文化的优势之处。

3. 健腿

"健腿"指的是通过拓展和完善体育营销，并通过品牌整合促进营销传播。体育用品企业借助体育营销来实现消费者注册。随着科技的进步，全媒体营销的积极作用和效果日益显著，并且部分传统媒体在品牌营销效果方面的局限性也在逐渐暴露出来。

在体育用品制造企业的品牌战略中，体育营销投入是至关重要的。然而，如何进行投入是需要认真研究的。企业可以采取广告、赞助、体育明星代言或全媒体等不同方式来进行体育营销。具体选择应该根据企业的品牌战略目标、企业规模实力以及高、中、低端立场定位等实际情况来进行决策。

体育用品制造企业应该对创新体育营销方式和手段更加注重。随着时代的发展，科技的进步，体育用品品牌传播的实践也在不断创新。近年来，体育赛事的赞助营销活动效果非常显著，特别是一些国际重大赛事的品牌营销活动，可以达到事半功倍的效果。此外，全媒体的全球营销的威力发生了非常迅猛的变化，体育用品品牌可以利用这种方式，对品牌知名度进行提升。值得关注的是，耐克采用的消费者品牌体验营销方式也具有借鉴意义。

二、我国体育用品品牌竞争力的发展前景

在"互联网+"时代下，企业需要制定适合自身的营销策略，提高自身的竞争力，争取在体育用品市场占据更大的市场份额。了解中国体育用品品牌竞争发展的大势，对于准确掌握品牌竞争力培育实践的方向具有非常大的帮助，同时也对品牌竞争力理论的发展脉搏有一个更为清晰的认知和探索方向。

(一)体育用品产业与体育用品市场持续发展

体育用品品牌的竞争力与企业竞争力密切相关,也与体育用品产业的兴衰和发展息息相关。此外,它与体育用品市场的规模和发展潜力紧密相连。

1. 我国体育产业及体育用品产业发展的机遇期

体育产业是一个繁荣的产业,具有绿色、朝阳等特点。虽然在当今这个阶段,它仍是一个劳动密集型产业,但其发展具有向环保、科技和国际化方向发展的潜力。随着时间的推移,其在国民经济中所占比重将逐年增加。相比于发达国家,我国的体育用品产业增长空间巨大。

体育产业的长期发展受到客观环境和国家政策的大力支持。国务院2014年10月2日的会议发布的三项政策和《关于加快发展体育产业促进体育消费的若干意见》的文件,都表明了国家越来越对体育产业重视,表明了其未来具备巨大的发展潜力。这些宏观和微观的政策措施,都为体育用品企业提供了良好的扶持和发展机会,为体育用品市场的蓬勃发展注入了新的活力。

2. 我国体育用品市场发展潜力巨大

当前,我国体育产业增加的数值和人均消费水平仍远远落后于欧美等发达国家。《国务院关于加快发展体育产业促进体育消费的若干意见》文件中写道2025年我国体育产业总规模达到5万亿元、人均体育场地面积达到2平方米以及经常参加体育锻炼的人数达到5亿的目标。这一目标让体育用品市场的快速扩张和体育用品品牌竞争力的提升拥有了宝贵的机遇。

(二)知识产权竞争引领体育用品品牌竞争

当前体育用品市场竞争的关键在于知识产权,而品牌竞争是知识产权竞争的具体表现形式。国际高端体育用品品牌凭借其核心技术的优势引领着品牌竞争的技术趋势,控制着市场竞争的规则,决定着我国体育用品品牌技术创新的方向。国际知名体育用品品牌凭借其品牌优势,主导着品牌竞争的规则和规模,垄断着品牌传播的主流媒体资源,并从中获得品牌溢价的收益。这些优势是符合知识产权法律制度的规定的,因此它们具有合法性和正当性。未来,随着知识产权法律制度的完善和加强,这些优势也将得到更加牢固的保障。这种法律制度的示范效应和优势,对我国体育用品品牌竞争力的培育方向产生了深远的影响。当今,国际体育用品市场的知识产权竞争主要体现在知名品牌（商标）和核心技术（专利）的竞争方面。

一些品牌之所以在国际市场上能够非常快地进行发展和壮大并赢得知名度，是因为它们具备了核心技术，为品牌提供了有力支撑，同时它们借助知识产权形成了合法的"贸易壁垒"，在国际市场上通过自己在资金上的优势以及技术上的优势，熟练对知识产权规则进行操作，来对我国体育用品制造企业构建新的"知识产权壁垒"。

商标是知识产权保护的一种形式，品牌则是商标在市场中的呈现形式。品牌竞争是商标竞争在市场中的体现，是符合市场规则、便于消费者识别和记忆的商标竞争策略。所以品牌竞争是商标竞争的转化形式，是符合市场规则，消费者听得懂、叫得响、"注得册"的商标竞争战略。

一些国际知名的体育用品品牌非常重视商标注册、品牌培育和维护，通过品牌评估来提高品牌资产价值，进一步实现一个品牌的商品化，以便获得品牌竞争优势。以耐克为例，在2010年，其品牌价值评估为125亿美元，而到了2014年，其品牌价值则翻了一番，达到245亿美元。耐克公司曾进行一次典型的品牌交易，即收购并出售英国足球用品制造商茵宝。公司于2008年以5.65亿美元收购了茵宝，而在2012年10月24日，又以2.25亿美元的价格将茵宝出售给美国艾康尼斯品牌集团公司。这次交易体现了耐克公司品牌竞争战略的特点。[①]

（三）科技发展决定着体育用品品牌竞争力的前景

科技是推动生产力发展的第一要素。随着信息技术的突飞猛进，尤其是信息技术和制造业的深度融合，全球产业面临着重大的变革和挑战。这也给体育用品制造和品牌建设带来了许多机遇和挑战。一些国际知名的体育用品制造企业反应灵敏，能够有效应对这些挑战。

举世闻名的品牌在体育用品领域通过采用新技术、新材料和新工艺来提高产品的竞争力。如在2014年巴西足球世界杯上，阿迪达斯所制造的比赛用球，以及耐克推出的刺客系列战靴都是采用了最新的技术，从而提升了产品的性能和使用体验，使得这些品牌在市场上获得了优势和成功。

随着科学技术的迅猛发展，工业以及体育产业正在迎来新的变革。例如《中国

---

① 李新啸，邱林飞. 体育用品品牌理论框架探析[J]. 浙江体育科学，2019，41（2）：15-21.

制造2025》的推出、第四次工业革命的到来、互联网技术的发展和3D打印技术的进步，这些都将对体育用品产业及其品牌竞争力会产生什么样的影响和变化呢？

《中国制造2025》是中国对"工业4.0"计划的本土化版本。它提出依靠中国品牌，将制造业从速度向质量、产品、品牌的转变实现，并注重对制造业品牌建设进行增强，培育出具有特色、竞争力强、市场信誉好的产业集群和区域品牌。

《中国制造2025》是科技进步的产物，它将推动制造业的智能化革命和科技创新。随着智能体育用品的生产和消费越来越深入，体育用品品牌的作用和地位以及品牌竞争力的培养、提升方式，这些都可能会发生重大变革，这种变革具有革命性的意义。

"工业4.0"涵盖了智能工厂、智能生产、智能物流三大主题。生产者和消费者的界限逐渐模糊，新的单词生产消费者（prosumer）的出现使得传统的生产与消费之间的鸿沟被智能化打通了。

随着3D打印技术的发展，人们可以在家中打印制造各种所需物品，包括体育健身用品，这可能导致传统的体育用品制造企业和实体店面变得不那么必要了。在"工业4.0"时代，智能产品和生产者消费者一体化趋势的发展，需要重新评估商标和品牌在竞争中的地位和作用。同时，由于3D打印技术的应用，所有体育用品都可以自己制造，因此商标和品牌的注册和使用是否还有必要，品牌竞争是否会被更高级别的竞争形式所取代，这些问题需要密切关注科技发展的动态和趋势，不断研究创新。

第二节　我国体育用品本土品牌构建

一、我国本土体育用品品牌的发展历程

（一）本土体育用品业的初创阶段

自十一届三中全会举办以来，我国的工作重心逐渐发生转移，更加看重经济建设，通过加大力度发展生产力与实行社会主义市场经济体制的措施，行业、企业都开始复苏，人民生活水平也在慢慢地提高，这为本土体育用品业的出现奠定

了经济基础。此外，1979年我国确立了"普及和提高相结合的前提下侧重抓提高"的体育方针政策，我国同时也重新返回了奥林匹克赛场。以上这些为本土体育用品业的出现奠定了政策基础，同时也标志着我国体育产业的地位有了明显提升。到了20世纪80年代初期，以"康威"品牌的出现为标志，我国本土体育用品业开始进入到了初期的萌芽发展阶段。我国的体育产业起步于计划经济向社会主义市场经济转型的时期，并且社会主义市场经济体制的慢慢完善，这都让我国的体育行业有了充分的发展。

（二）本土体育用品业发展的持续发展时期

自改革开放以来，我国体育用品业迅速崛起，其劳动密集型的特点使其获得了快速的成长。政府提出了"体育强国"战略及"举国体制"政策，为体育用品业打造了非常不错的一个外部发展环境。之前，企业对品牌的理解上可能依旧是提高知名度，仍然不能达到"影响消费者的价值观"这样的一个程度。1993年，中国体育用品博览会的开办为本土体育用品业创造了一个不错的交流平台，并且一定程度上促进了本土体育用品业的发展，并对市场开发起到了推动作用。体博会不只是推动了我国体育用品市场的发展和民族品牌的振兴，还促进了产品的创新和升级，引导了健康消费的理念，对于推进体育产业的发展和加强我国体育用品行业在国际竞争中的地位起到了至关重要的作用。随着我国市场经济体制的不断完善以及人民生活水平的提高，并且2008年在北京成功举办了奥运会，可以说是本土体育用品品牌在历史上能够继续发展的一个非常重要的机会。

（三）本土体育用品业发展的转折与调整时期

自2008年全球金融危机爆发以来，整个体育产业发展均遭受了严重打击。主要表现在外部经济环境的不利因素导致竞赛市场规模萎缩；赞助商减少预算直接影响了知名运动员和俱乐部的收入；本土体育企业面临着国外竞争对手寻找更便宜的代工厂商的威胁，导致本土企业发展困难，无法充分利用生产能力的提高。此外，赛事质量和队伍建设也因投入不足和现场观众与赞助商的退缩而受到直接影响。与生产能力的提高相比，体育产业在营销战略、品牌塑造等方面的发展速度明显滞后，导致市场占有率低。此外，科技附加值相对较低、自主创新能力相对较差、没有对品牌进行培养以及品牌营销手段较为单一，这些同样造成了本土体育用品品牌低迷，各大本土体育用品公司出现不同程度的亏损，本土体育企业发展举步维艰，营销困境愈发严峻。

二、本土体育用品品牌的格局与市场环境

（一）本土体育用品品牌的格局

从当前国内市场的角度来看，虽然李宁公司现在正是处于一个销售亏损和库存增加的状态，但是它并没有将本土体育用品品牌在国内市场的主导地位动摇。在我国的一线城市，根据销售数量和市场份额，李宁和安踏等六大品牌仍然占据主导地位。由于一线品牌销售策略的调整，二线品牌的销售情况可能会受到不同程度的影响。随着国际一线品牌如阿迪达斯、耐克等推出的"降价风波"，越来越多的消费者开始选择性价比更高的国际品牌而非本土体育品牌。小品牌主攻三四线城市的策略相对来说并没有受到太多的影响。在国际市场，本土体育品牌仍面临着来自国际大品牌的强大竞争压力，难以对其主导地位产生冲击。本土品牌正在尝试各种手段来争取国际市场份额，但是，因为企业本身发展的不足，在进军国际市场方面取得的成果并不理想。

（二）本土体育用品品牌面临的市场环境

随着全球经济形势的变化和国际品牌的市场竞争加剧，本土体育用品品牌在销售乏力、市场份额下滑的困境中越来越难以立足。尤其是在国内二三线城市，国际品牌的"折扣战"进一步加剧了本土品牌的竞争压力。况且，户外品牌和休闲品牌的崛起也加速了传统本土体育品牌市场份额的萎缩。如何在日益复杂的市场环境下应对挑战，成为本土体育用品品牌逆势发展的重要问题。

三、本土体育用品品牌的销售方式与市场策略

（一）本土体育用品品牌所采用的销售方式

1. 门店营销

在商业领域，市场份额是反映企业竞争地位和盈利能力的重要指标。为了能够抢到更多市场份额、获得更多销售收入，各大企业通常采取增加门店数量的方

式扩大销售。但是，这样的方式同样带来了销售成本的增加，规模增速放缓，市场集中度偏高，存货压力大等问题。因此，增加门店数量虽然有利可图，但也需要谨慎权衡利弊。

2. 网络销售

随着时代的不断发展，网上购物越来越受到人们的欢迎，因此在网络上占据市场份额也成为品牌方进行争抢的焦点。为此，除了通过增加实体店的数量，大部分企业也开始通过互联网扩大销售渠道以增加销量，从而满足不同层次客户的需求。据了解，各大本土体育用品品牌在各大网购网站都有官方旗舰店进行销售。多样化的销售方式满足了不同层次顾客的需求，也增加了企业的销售收入。然而，虚拟的网络环境难以避免假货的出现，这会造成市场秩序的混乱。此外，还有物流公司所造成的问题，如串货、货物损坏和丢失等，也会对企业品牌形象造成损害，因此我们需要注意并及时解决这些问题。

（二）本土品牌的市场策略及效果

1. 价格策略

在公司市场份额和盈利中，价格是一个非常重要的因素。然而，由于本土品牌的定位不合理和定价失衡，实际需求人群与目标需求人群并不匹配，加上国外品牌的竞争侵袭，将本土品牌低性价比低的缺陷充分展现出来了，进一步造成了销售数量上呈现减少、存货呈现增多趋势。因此，本土品牌应该通过降低价格的举措来刺激消费者进行消费。

2. 产品策略

我国的体育品牌在国际市场上的占有率远远落后于国外知名品牌，并且常常充当加工生产的角色。大多数本土体育用品企业是从二三线城市向上扩张的，但是它们的品牌定位却高于其实际发展阶段。这种错位的产品策略肯定会让消费者对其满意的程度受到影响。同时，国外品牌已经占据了相当比例的中高端市场份额，对本土品牌造成了威胁，因此导致其销量不稳定，甚至下跌。

3. 渠道策略

本土体育品牌通常将多种销售渠道进行结合，同时在线上和线下销售产品。为了在市场上取得更大的份额，这些品牌一直在增加自己企业的门店的数量。然而，这种品牌商—批发商—零售商的销售模式已经暴露出一些问题。其中之一是，代理商通常会订购过多的备货，而品牌商也会储备过多的商品备货。这会导致需求被放大的这种假象。

4. 促销策略

本土企业面临存货积压的问题，因此必须通过价格战才能同国外品牌进行市场份额的竞争。但是，过度的促销策略容易导致价格不断下降，从而削弱企业的品牌形象和价值。目前，国外品牌如耐克、阿迪达斯的百元价位商品已逐渐普及，本土品牌面临的竞争态势也在不断地变化着，许多品牌采取不断打折的促销手段来扩大销售，但这种做法无疑会影响本土品牌的一个品牌形象，并且可能使发展战略也受到牵连。

四、本土体育用品品牌营销的创新方略

（一）明晰品牌定位，合理选择赞助对象

尽管我国居民人均消费水平在近年来不断提高，但与发达国家相比，我国居民的消费水平仍然存在差距，特别是在体育消费领域。针对复杂多变的本土体育用品品牌市场，理性的体育用品企业应该有一个合理的品牌定位。企业应该明确其优势和劣势分别在什么地方，从战略高度出发，放宽视野，聘请国际顶尖设计公司，为企业自身定制一个完全符合且适合的全新的品牌形象，将企业的优势进行突出，传递企业的独特信息，最终形成良好的包装以及非常好的宣传效果。

（二）谨慎对待品牌延伸与品牌扩张

本土企业的发展受到品牌定位不合理的极大制约，不一致的品牌形象容易导致消费者对品牌的认知出现混乱的现象。重新定位品牌形象有助于企业确定未来的发展道路和战略，并且可以让消费者更好对品牌进行认知。此外，产品结构单一、不合理的局面极大地限制了消费者的选择，使体育用品企业陷入传统体育产业领域的困境，不仅限制了企业的发展空间，也缩小了销售范围。因此，开拓企业的视野，适度进行创新，对品牌进行延伸和扩张，让产品的档次和丰富性得以提升，这些都是本土体育用品企业必须面对的迫切要求。

(三)规范销售渠道及经销商行为

面对多层次、多地区的经销商网络和跨级售货现象,不规范的销售导致同样一个地方,但是产品的标价却不同,随意调货的行为破坏了市场供货的正常秩序。传统的本土体育用品企业主要扮演批发商的角色,而零售渠道则多数由供应商负责。这种销售模式容易导致市场需求不真实。因此,我们需要从全部的这个供应链流程出发,转变批发零售的销售模式,进一步对店铺终端的管理进行强化。建立分销渠道对企业快速抢占目标客群非常有帮助,并且可以让市场占有率得以提升。同时,我们需要对优势资源进行集中管理,并且去扩大核心业务,流通环节也要得到合理管控,将物流水平进行提高,以及及时反馈信息并跟上市场发展的步伐。

(四)实质推进本土体育品牌国际化

目前,市场竞争日趋复杂、激烈,非常多的企业意识到仅仅只是靠着产品差异化是没有办法将竞争优势保持住的,必须改变营销策略才能在市场中获胜。除了依赖自身品牌在海外销售,企业还可以通过持股方式进一步实现强强联合,或者通过收购国外品牌进军国际市场的战略来确立市场地位。

第三节 我国体育用品品牌化战略

现在,在购物中人们往往倾向于购买品牌货品,相比起其他的产品,品牌货品往往更加能够让人们产生信任。对于一个企业来说,品牌不仅仅是指他们的名称或者标识,更重要的是代表了一种深远意义上的价值象征。品牌的形成需要一个长期的积累过程,而这个积累过程就包括了企业对其品牌进行选择并确定目标受众以及对其进行宣传推广等一系列活动。品牌关系理论的核心思想在于,在品牌及其所有者与利益相关者之间的互动反应过程中,这种价值得到了充分的体现和扩大,从而产生了市场效应。在现代经济体系中,品牌除了与消费者、供应商和经销商有关,还与政府、区域资源、行业协会、社会媒介、社会文化等具有利益关系。品牌关系理论从本质上讲,是关于企业与环境相互关联的动态博弈问题。在这个错综复杂的关系网络中,品牌一步步从生存到发展,呈现出独特的生命力,因此,品牌生态理论应运而生。品牌生态理论将品牌视为一个完整的生命体,在这个生命体的生长发展过程中,从宏观到微观都包含有一系列相互关联的变量。通过对影响它的各种内外部要素进行全面系统的分析,能够准确判断品牌竞争的地位和趋势,这对于品牌所有者在品牌进入、成长和竞争等方面作出明智的决策具有重要意义。以品牌生态理论为基础,对国内体育民族品牌的生态状况进行研究。

本书旨在运用品牌生态理论,将其应用于体育用品品牌研究中,分析我国体育用品所处的品牌环境,准确判断其在国内外市场竞争中所处的情势,对其进行品牌化理论建构,提出适当的品牌化发展策略。

一、体育用品品牌化相关研究

品牌生态的概念最初由艾伯萧(Upshaw)提出,随后,又有一些学者从这个角度对品牌进行了探索研究,这些学者的理论都为品牌生态的理论奠定了坚实的基础。

在品牌生态理论中,品牌生态是一个十分重要的组成部分。在一个复杂的关系系统中,品牌与诸多事物都存在着一定的联系,品牌处于某一种位置,并且拥有着各种市场资源,品牌所处的位置以及它拥有各种资源的这种状态就是品牌生态位。关于品牌生态位的内涵,国内外众多学者们从多个视角出发对其进行研究,综合起来可以发现以下几点:第一,在品牌生态理论领域中,对于品牌生态位的建构和评估是最重要的研究议题;第二,对于品牌竞争战略的制定来说,不同行业的品牌竞争战略是不同的,要依据具体行业具体分析,不能一概而论,因为对于每一个行业来说,它的品牌关系要素与环境要素都是不同的;第三,在行业中,每个品牌都拥有独特的生态位,对这些品牌构建生态位时,需要根据特定行业的背景来进行构建,从而更好地制定出品牌竞争战略。在此基础上,要想对我国体育用品进行品牌化相关研究,就需要首先对我国体育用品行业进行调研,了解不同品牌所处的品牌生态位,然后制定出适合该行业特点的品牌竞争策略。

二、体育用品品牌化理论建构

(一)主体要素

对于消费者而言,要想使他们能够获得良好的品牌体验,最重要的因素就是要有好的"产品质量"以及"服务质量",这是必不可少的,也是最基础的部分。除了这两个比较基础的要素之外,顾客还比较看重产品的个性特质是否与自己相匹配,一些好的正面情绪能够促使体育爱好者更好地建立"品牌情感",比如成功、快乐、健康等等,这些正面情绪能够对体育爱好者产生影响,能够驱动他们进行重复消费。除此之外,体育爱好者对于体育品牌的品牌认知还受到体育爱好、产品美观以及代言人形象的影响,它们共同构成了体育用品品牌认知的重要影响因素。体育产品消费者品牌认知的重要因素还有"体育联想"以及"时尚","品牌文化"也能促使消费者对体育用品产生价值认同。市场中有很多体育用品品牌,要想进行区分就需要进行"市场区隔",它也是品牌成功必须要做的任务。另外,产品的原材料的可获得性以及丰富程度也十分重要,它是品牌的资产来源之一,决定了品牌的成长空间。因此,体育用品品牌的主体因素有"产品质量""服务质量""个性特质匹配""价值认同""体育爱好""时尚""品牌文化""供应商资源"等等。

(二)宏观环境

消费者对体育用品品牌特性的认知受到"原产地"印象的影响,这种"原产地"印象就属于环境因素。在体育用品产业中,"制度""媒体""政府"等因素也影响着体育产业的发展,它们是推动体育产业发展的重要动力。另外,体育用品品牌战略的制定和实施还会受到企业"金融服务"环境的影响。

(三)支持环境

品牌的生存和发展离不开各方面资源的参与,比如加盟企业与投资者的参与、体育协会的支持、体育用品品牌代言人的形象、媒体的推广等等。另外,在品牌经营过程中,企业要不断提高自身的管理水平,才能使自己拥有更多的核心竞争优势。随着互联网的不断发展,品牌社区已成为品牌与消费者进行在线上和线下沟通的重要场所,它能够处理好消费者与品牌的关系,更好地获得消费者的认同,品牌社区内的各个成员都可以共创"品牌价值",提高消费者的参与度。除此之外,"集群品牌"与"成分品牌"也能够提升品牌价值与影响力,有利于品牌更好地发展,品牌管理者应该要充分利用这二者的作用。

（四）竞争者

在竞争系统中，品牌的演化是一个不断变化的过程，它受到合作以及竞争关系的影响，品牌之间的良好竞争与合作能够促使品牌更好地发展，也就是说，品牌的生存和发展状态受到品牌竞争态势和合作效应的制约。因此，在品牌群体中建立互惠互利的互动关系，能够产生协同作用，有利于实现共同创造价值的目标。

三、体育用品品牌化策略

（一）社会环境维度策略

在社会环境维度策略中，"政府支持"与"制度力量"必不可少。比如，我国知名体育用品品牌——李宁品牌，它的蓬勃发展就与政府的大力支持有着很大的关系，它积极响应当地政府的规划，推动着当地产业的发展。在北京亚运会的筹备、组织和宣传过程中，李宁与亚组委和北京市委紧密合作，发挥着至关重要的作用，为其在中国的发展奠定了坚实的政治基础。在另一个城市荆门，李宁则是以一种更加积极的姿态参与了"国家体育产业基地"的建设，这为李宁品牌在荆门的发展注入了一系列来自政府和制度方面的强大支持。事实上，对于一些品牌来说，积极参与当地政府举办的一些招商、营销活动，与当地的产业发展和经济发展相契合，这能够更好地获得政府的支持，同时也有助于品牌影响力范围的扩大。我国的一些民族品牌还可以加强在原产地形象以及民族方面的重视，利用人们的"民族意识"以及"原产地情结"，增加消费者对体育用品品牌的认知以及购买欲望，提升体育用品品牌的深度商业价值。有学者研究认为消费者对于体育用品品牌的认知与"原产地"形象有着重要的关联，在社会环境维度上，李宁品牌除了需要持续挖掘"政府支持"和"制度力量"，将它们融入品牌开发之中，还需要在其中注入"原产地"元素，增加有关原产地形象以及民族意识的塑造。

（二）品牌资源维度策略

品牌资源的有效管理与整合，需要从体育协会、媒体及代言人、代理商、供应商和经销商等多个方面入手，这属于品牌资源维度方面的策略。通过在这些利益相关者方面入手，将这些品牌资源进行管理与整合，能够很大程度上提升品牌资产的价值。例如，李宁品牌产品销售到全国各地，有很多代理商与经销商，这些代理商与经销商都属于李宁品牌的利益相关者。在2012年，李宁公司启动"渠道复兴计划"，增加了产品品牌的自营渠道，取消了很多经销商与代理商，这次调整使得很多代理商损失了很多资金，同时也使李宁品牌的声誉受到了严重损害，并且在之后的几年里，一直处于亏损状态。李宁品牌的做法使我们意识到利益相关者的重要作用，要想促进品牌的健康成长，就需要将这些利益相关者纳入品牌生态管理之中，整合资源，共同发展。

企业要想获得更好的品牌发展，可以充分采用"互联网+体验营销"模式，将线下代理商资源与线上客户互相整合起来，满足实体店的更多需求，并在互联网时代建立完善的供应链体系。[①] 此外，企业还应该加强对供应商、经销商、代理商等利益关系群体的关注，从而不断提升品牌的影响力。

（三）品牌群落维度策略

我国有多个体育用品产业品牌，在品牌群落维度，要想实现品牌的良好发展，就要正视自身品牌，同时还要正视同一领域的其他品牌，与其他品牌进行比较，明晰自己的竞争优势与劣势，找准自身品牌的竞争位置，并采取相应的竞争策略。

对于我国各大体育用品品牌的生态位选择策略，有必要进行深入细致的分析和探讨。李宁品牌在传统的乒乓球、羽毛球、篮球等运动项目领域致力于研发中高端体育用品，这是其品牌的高效生态位；而其足球体育用品以及非体育用品领域的产品并不如高效生态位的产品那样知名，它属于低效生态位。目前，国内的一些体育用品品牌还有特步、匹克、361°等，其中特步专注于跑步鞋生态位，匹克专注于篮球鞋生态位，361°专注于时尚体育产品生态位。我国体育用品领域发展才刚刚兴起，还有许多空白市场等待发掘，目前各大体育用品品牌正积极探索未被开发的市场空间，大力推进品牌发展战略，试图获得更大的市场份额。

李宁品牌早期的品牌定位属于高端体育品牌，与国际上的体育品牌相竞争，渐渐地，它的品牌影响力越来越大，赢得了越来越多消费者的信任和青睐。在此

---

① 严金才. 李宁公司诊断与营销策略研究分析 [J]. 中国商贸，2015（9）：5-7.

基础之上，它也在不断创新，推出了众多体育用品。然而，随着消费者购买方式以及营销渠道的演变，李宁的战略定位逐渐处于劣势。直至2015年，这一不佳的品牌发展状况才慢慢地得到了改善。李宁先生重新回到公司展开运营，同腾讯、华为等展开了一系列合作，进一步提升了品牌的影响力。

第四章　我国体育用品制造产业集群

面对经济全球化的挑战,体育用品制造业也将顺应社会发展而采取集群化发展模式。本章重点阐述我国体育用品制造产业集群,分为我国体育用品制造产业集群区域品牌形成机制、我国体育用品制造产业集群发展潜力测评、我国体育用品制造产业集群培育研究三节。

第一节　我国体育用品制造产业集群区域品牌形成机制

自 20 世纪 80 年代起，我国的体育用品制造产业便开始融入全球价值链，并采用 OEM（Original Equipment Manufacturer）的品牌策略，以实现其品牌价值的最大化。所谓 OEM 的品牌战略，就是指贴牌生产的品牌策略。当时，虽然我国体育用品制造业已经具有一定规模和竞争力，但与国际知名品牌相比仍然存在较大差距。在 2012 年，我国的体育用品出口额达到了 166.9 亿美元，这一数字占据了全球体育用品业超过 65% 的份额。[①] 但是，随着人民币的升值，我国土地、劳动力生产要素的成本逐渐上升，体育用品贴牌生产的利益逐渐缩小，这使得我国体育用品制造产业的比较竞争优势逐渐被削弱，我国体育用品制造产业集群应当脱离之前的生产模式，进行转型升级，这一趋势刻不容缓。

关于我国体育用品制造产业的转型升级，在党的十八大报告中提出了相关指导意见，要进行转型升级，就要增大竞争优势，在质量、服务、品牌、技术等方面不断增强，这样才能够同其他外国产品相竞争。同时，在《国务院办公厅关于加快发展体育产业的指导意见》和《体育产业"十二五"规划》中也呼吁要创建一批具有中国特色和国际影响力的体育产品品牌。可见，推动我国体育用品制造业品牌的发展已成为当前政府支持发展的重大事项之一。对于品牌发展来说，"产业集群品牌"是一种十分高级的形式，在各种品牌林立的市场中，它能够帮助产业集群更好地获得竞争优势，促进其可持续发展，增强其品牌效应，同时也便于品牌在国际市场中不断提升其品牌影响力，获得更多人的关注。为了实现我国体育用品制造产业集群的可持续发展，必须以打造"产业集群品牌"为核心目标，从而推动产业集群的转型升级。

一、我国体育用品制造产业集群品牌的理论分析

（一）体育用品制造产业集群品牌的概念

体育用品制造产业集群品牌，是一种区域性的品牌，它主要的支撑就是体育

[①] 俞海峰.中国体育用品出口贸易问题及解决对策[J].体育世界（下旬刊），2013（5）：7-8.

用品制造产业集群，产业集群的卖点就是体育产业集群内生产出来的特色体育产品，它是以特色体育产品类别名以及集群所在区域地名组合而成的一种品牌。产业集群往往是由多个产业共同积聚而成，因此，与其他零散产业相比，产业集群的品牌更容易获得较大的影响力，品牌的知名度往往也会更高。在体育用品制造产业集群内，有多个产业集群品牌，比如荣获"中国高尔夫产业名镇"荣誉的东莞塘厦高尔夫用品制造产业集群，享有"中国赛艇之乡"美誉的杭州富阳赛艇制造产业集群，被誉为"中国鞋都"的福建晋江运动鞋制造产业集群，以及享有"中国赛艇之乡"美誉的杭州富阳赛艇制造产业集群，他们都在当地具有较高的品牌知名度。

1. 区域品牌

在产业集群品牌研究过程中，经常被提到的一个概念就是"区域品牌"，目前，这一概念已经被国内外学者广泛认可，区域品牌指的是某一特定地域所孕育的独具特色的产业集群。实际上，区域品牌是指集群品牌的同质异名。在国内，很多产业集群的战略目标就是要建设产业集群的品牌，并不断提升品牌的影响力。

2. 企业品牌

对于企业来说，企业品牌是一种无形资产，具有无穷的潜力与价值。在体育用品制造产业集群内的这些企业拥有各自独立的企业品牌，它们聚集在同一片区域内，形成了一片"品牌丛林"，"品牌丛林"中的这些品牌互相竞争，可分为不同的类型，实现着不同的功能，比如有领导品牌、追随品牌、补缺品牌、挑战品牌等。这些不同品牌的价值有大有小，按照价值大小可呈现出一种金字塔的形状，金字塔顶端的品牌是品牌价值最高的品牌，金字塔低端的品牌则是品牌价值较低的品牌。

3. 企业文化

企业品牌展现出该企业独特的企业文化，它是一种无形资产，它具有较高的市场价值，能够极大地促进企业的发展。体育产业集群属于产业集群中的一类。体育用品制造产业及其所在区域的经济与文化特色在产业集群中得到了充分展现，品牌知名度、美誉度和忠诚度均达到了显著水平。集群内的企业品牌与产业集群品牌之间是相互促进、良性互动的关系，集群内的企业品牌是支撑产业集群品牌发展的基石，产业集群品牌也有助于推动集群内企业品牌的发展。从长远来看，产业集群品牌还可以提升集群整体竞争力。相对于企业品牌而言，产业集群品牌在促进体育用品制造产业和区域经济的可持续增长方面具有更为显著的优势，同时，其在国际市场的发展也为体育用品制造产业在全球价值链中的产业转移以及在国际产业分工中占据有利地位提供了有力支持。对于体育用品制造产业集群来说，企业品牌也属于企业文化的范畴。

（二）体育用品制造产业集群区域品牌的类型

在体育用品制造产业集群内，产业集群品牌主要可分为三种类型，分别是法律、行业以及市场认可的产业集群品牌。下面分别对这三种类型进行简要分析：

在产业集群中，区域品牌商标是由行业协会、集群内企业联合组织或关键企业与龙头企业在工商部门注册的，这些商标受到法律保护，同时具有区域知名效应。产业集群内的各个企业要遵循一定的市场销售价格与产品质量标准，在这个统一规范的基础上，产业集群内的多个企业都可以使用和共享这些品牌商标，这是法律认可的。

在体育用品产业集群内，体育用品产业集群品牌由国家级行业协会组织、工商行政管理部门以及其他相关政府部门认证许可并颁发区域品牌称号之后，就可以称这种体育用品制造产业集群品牌获得了行业认可。比如，从2000年开始，福建晋江政府就出台了许多优惠政策，扶持企业品牌的建立与发展，并对那些获得省级以上品牌荣誉称号的企业进行嘉奖，并投入专项品牌建设基金，加大激励机制，鼓励企业参与各类品牌相关工作，推动其获得行业认可。由于晋江政府的大力扶持与鼓励，在2001年，晋江就被中国皮革工业协会、中国轻工业联合会授予了"中国鞋都"的称号。

除了法律认可以及行业认可的体育用品制造产业集群品牌之外，还有市场认可的体育用品制造产业集群品牌。这种市场认可的体育用品制造产业集群品牌主要是指那些并没有法律认可以及行业认可的品牌，也就是既没有政府部门或行业组织颁发称号，也没有在工商部门注册商标的品牌。这种品牌虽然并未获得法律以及行业的认可，但是在市场上却特别受欢迎，拥有广泛市场影响力和品牌效应。例如，浙江江山地区的羽毛球制造产业集群，就属于市场认可的体育用品制造产业集群品牌，在国内甚至是国际市场上都享有广泛的声誉，其生产方式规范化、专业化，被誉为"中国羽毛球之乡"。目前，江山市作为一个县级市，拥有55家从事羽毛球及相关配套生产的企业，这些企业的从业人员规模超过20000人，国内市场份额高达75%。此外，江山市还向韩国、日本以及东南亚国家及地区出口了大量产品。①

（三）体育用品制造产业集群区域品牌的特征

1. 根植性特征

体育用品制造产业集群区域内的企业品牌具有根植性特征，这主要是因为产业集群内的大部分企业都在同一片区域之中，坐落于同一地理位置。由于大致区域相同，产业集群内的企业之间的社会历史、文化背景等往往十分相似，集群内的这些企业长期浸润于同一环境之中，其共同的生产知识与行为准则都会受到区域内的一些经济行为以及其他行为的影响。这种根植性表现为企业之间通过相互学习而形成的信任、承诺与互惠等一系列非正式规范，并将这些非正式规范转化为企业的战略行动，进而影响到集群内企业的经营决策与绩效。这种根植性是一种社会网络结构和关系，它连接和作用于集群内企业，从而避免了集群内企业交易时可能产生的"外部不经济"，同时也促进了产业集群品牌的资产效应在集群内进行空间扩散和溢出，从而在一定程度上降低了集群整体的采购、交易和扩张的成本。

2. 公共物品特征

依据美国经济学家保罗·萨缪尔森（Paul A.Samuelson）的公共物品理论（Public Goods Theory），体育用品制造产业区域集群品牌是一种具有非排他性（Non-excludability）与非竞争性（Non-rivalrous Consumption）的公共物品（Public Goods）。② 其中，非排他性主要体现在产业集群内的所有企业都对产业集群品牌拥有使用权，无论这个企业是否支付费用或作出贡献；非竞争性是指增加额外的集群内企业共享体育用品制造产业集群品牌利益，并不会影响其他集群内企业对体育用品制造产业集群品牌利益分享的水平。

3. 创造价值

体育用品制造产业集群品牌还具有创造价值的特征。对于集群内企业而言，

---

① 张雪娜.区域文化体育制造业空间分布与发展问题研究——以浙江羽毛球产业为例[J].经济论坛，2017（2）：90-93.

② 保罗·萨缪尔森.经济学 下 第19版[M].北京：商务印书馆，2017.

体育用品制造产业集群品牌能够激发消费者的购买欲望，提升消费者的忠诚度，从而使企业获取稳定的收益，而且还通过集群内企业之间相互学习和模仿，形成具有独特风格和特色的品牌，进而获得更大的品牌价值。由于集群内的企业共享体育用品制造产业集群品牌，在进行品牌塑造、广告宣传、商业促销时，仅仅对产业集群品牌进行营销宣传，可以使集群内的每个企业都获利，同时降低并节省了企业的运营、信息、交易的成本，集群内的企业不用再去开辟新的市场，也节省了进入成本以及沉没成本。提高了集群内单一企业所能预期的集群剩余价值，使他们认识到产业集群模式的便利，增强了企业间良性竞争和合作的意愿和主动性。建立体育用品制造产业集群内企业间良好的互动关系，还有利于增强体育用品制造业集群内企业的凝聚力和竞争力。

在购买体育用品的过程中，消费者需要进行信息搜寻和比较选择，这是一个复杂的过程，需要投入一定的时间和成本。但是，体育用品制造产业集群可以帮助消费者更好地了解、记忆和回忆有关体育用品的信息，从而降低信息搜寻的成本和时间。体育用品制造产业集群品牌如果在市场上享有较高的品牌知名度，那么就会对消费者的购买心理和购买行为产生一定的影响，提升消费者的购买意愿，同时还能够提高消费者在使用体育用品时的满足感和使用价值。由此，可以认为体育用品制造产业集群品牌为集群内企业以及消费者创造了价值，进而为整个社会增加了总效益，因而归属于帕累托优化（Pareto Optimality）。

（四）体育用品制造产业集群区域品牌的形成机制

1. 集群的竞争优势

同其他分散的企业相比，体育用品制造产业集群内的企业具有一定的竞争优势。体育用品制造产业集群内具有灵活多样的组织架构、经营管理机制，产业集群内还有多种生产设备、技术，依据这些优势，产业集群内的中小企业可以实现小批量、多品种的"柔性生产"，实现产品的多样化、系列化，满足市场的需求。

产业集群内部企业生产具有灵活多变、分工明确等特点，企业之间的高度专业化的分工协作，能够实现资源的集中利用，从而提高生产效率，降低成本，与其他企业相比，其在产品规模与价格上呈现出一种竞争优势。

通过建立横向联系的销售网络，体育用品制造产业区域集群内的企业调动的销售资源更加广阔，展现在市场上呈现出一种辐射的优势。在对体育用品制造业进行分析时，应充分考虑体育用品制造产业集群内部及外部的营销环境，以确定产业集群的营销策略。鉴于体育用品制造产业集群往往与体育用品专业市场的形成有关，因此，要想更广泛地拓展产品的市场销售范围，可以通过拓展体育用品专业市场来实现。

与其他企业模式相比，体育用品制造产业集群还具有创新优势，集群内的企业相互之间可以作为学习的榜样，互相督促，互相促进，不断提升学习能力，不断掌握新技术，不断创新资源，从而获得更多的发展机遇。比如说"体育用品产业技术创新战略联盟"，其由泰山体育产业集团在国内发起成立，它就具有一定的创新优势，能够集聚各种创新资源和人才，为国家创新型体育产业名城的区域品牌作出了卓越的贡献。

2. 企业优势

体育用品制造产业集群的品牌形成还具有企业优势，这种企业优势主要是指产业集群内的企业品牌的优势，这些优势为产业集群品牌的形成提供了强有力的支撑。在体育用品制造产业集群中，龙头企业和其他企业品牌扮演着至关重要的角色，因为这些企业具有独特的产品特色和优势，在产业集群内更容易担当核心地位，依据龙头企业的独特优势，集群内众多的配套企业也在不断地形成发展之中，从而有助于体育用品制造产业集群的特色形成和发展，进而推动体育用品制造产业集群品牌的形成和壮大。

区域品牌优势的形成离不开体育用品制造产业集群内核心企业的集聚，产业集群内核心企业的凝聚程度是区域品牌优势形成的微观基础性因素。在福建晋江的运动鞋制造产业集群中，就有着大量备受瞩目的行业知名企业，晋江产业集群成为备受推崇的"中国鞋都"，离不开这些行业知名企业的聚集。

3. 制度优势

体育用品制造产业集群的品牌形成还具有制度优势。体育用品制造产业集群品牌的建立对于区域经济的发展有着重要的促进作用，因此各级政府都高度重视，并致力于为其提供适宜的制度环境，使区域产业集群品牌能够更加顺畅地形成与发展。

关于政府制度优势的例子，可以以山东德州乐陵为例进行讲述，作为一个县级市，它致力于打造国家创新型体育产业名城的区域品牌，以推动城市的发展。同时，乐陵地方政府也注重对体育产业的投资和管理力度，通过制定一系列产业政策来引导和推动当地体育产业的健康快速发展。乐陵市政府确立了"科技创新、争创名牌、提高产品附加值、提升市场占有率"的战略导向，并以《乐陵市体育产业发展规划》《乐陵市加快体育产业发展的意见》《关于扶持体育产业发展的优惠政策》作为政策载体，以特色体育产业园区为物质载体，以13名政府部门骨干为人员实施载体，明确了体育产业发展的思路、模式、目标以及各项措施，并成立体育产业招商分局，筛选34个项目向市场进行重点推广。乐陵市确立了以龙头企业带动产业发展、促进区域品牌建设的战略思路，大力扶持具有极高市场知名度的泰山体育产业集团，先后投资2亿元协助泰山体育产业集团在国内率先建成"国家体育用品工程技术研究中心""国家认定企业技术中心""博士后科研工作站"三大研发中心。截至2012年，乐陵全市的体育用品生产、制造及配套企业数量已发展到60余家，从业人员数量规模达到了18500人，形成涉及体育器材、体育用品原材料、体育服装鞋帽、文化传媒、功能性饮料、运动专用医药等多个领域的体育产业体系，其中，120多种体育器材及设备通过国际奥林匹克运动委员会及国际曲棍球联合会等国际体育组织专项专业认证。乐陵目前已被山东省人民政府确定为黄三角体育装备制造基地，体育产业也被列为7个加快发展的新兴产业之一，并通过了国家体育总局相关考察及认证，正式成为"国家级体育产业基地"。[①]

推动体育用品制造产业集群品牌形成与发展的制度优势，不仅体现在各级政府方面，还体现在体育用品行业协会、同业公会等行业协会组织上。这些行业协会组织往往会对各级政府部门起到协助作用，他们由体育用品制造集群内企业自愿组成，具有信息不对称优势。也正是由于这个优势，体育用品行业协会、同业公会等行业协会组织能够代表集群内企业与政府有关部门进行有效协商，使政府部门能够了解当前产业集群品牌发展过程中遇到的问题，从而使政府能够帮助解决。行业协会组织还要为体育用品制造产业集群品牌制定培育战略规划与实施计划，对区域品牌进行统一管理，有效规制集群内企业的违规使用行为，从而避免

---

① 张媛媛.加快体育产业链发展建设特色体育名城——以乐陵市为例[J].体育画报，2022（23）：1-2，4.

损害区域品牌形象的现象发生。此外，行业协会组织在提升我国区域品牌竞争力方面发挥着重要作用，他们能够动员产业集群内的企业，以整体形象参加各类行业展销会，提高企业品牌的国际影响力。例如，在2011年，有25家晋江鞋企参与了德国杜塞尔多夫国际鞋类展览会，这个展览会是规模最大、影响力最强、专业性最高的品牌鞋类展览会之一。①

二、我国体育用品制造产业集群区域品牌的现状分析

在我国不同的地区，体育用品产业集群呈现出区域偏倚性。我国直辖市以及东部沿海地区的体育用品产量占了绝大部分，下面对我国体育用品制造产业集群区域内品牌现状进行简要分析：

（一）体育用品制造产业集群区域品牌数量

针对法律认可型的体育用品制造产业集群品牌来说，浙江拥有2个，即"龙泉宝剑"商标以及"上官球拍"商标；福建拥有1个，即晋江"中国鞋都"。

针对行业认可型的体育用品制造产业集群品牌来说，浙江拥有3个，即上官"中国球拍之乡"、富阳"国家体育产业基地"以及温州"中国鞋都"；福建拥有2个，即"晋江国家体育产业基地"和晋江"中国鞋都"；山东拥有1个，即"乐陵国家体育产业基地"；广东拥有2个，即塘厦"中国高尔夫产业名镇"和"深圳国家体育产业基地"。

针对市场认可型的体育用品制造产业集群品牌来说，浙江拥有4个，即良朋"中国乒乓球之乡"、江山"中国羽毛球之乡"、龙泉"中国宝剑之乡"以及富阳"中国赛艇之乡"；福建拥有1个，即石狮"中国运动服装之都"；广东拥有1个，即沙溪"休闲服装之都"；江苏拥有1个，即野徐"中国体育器材之乡"。②

通过上述这些数据，可以发现福建的体育用品制造产业集群品牌中行业认可的品牌较多，这主要是因为福建存在多个体育用品龙头企业，同时福建政府也积极引导实施品牌战略，不断推动产业集群品牌的发展，行业协会组织也不断发挥辅助作用，多个主体共同努力。浙江的市场认可型的体育用品制造产业集群品牌

---

① 欧祈福.晋江鞋企国际化经营策略 [J].合作经济与科技，2011（21）：12-13.
② 李全志.体育用品产业集群发展的瓶颈制约与区域品牌实现 [J].内江科技，2013，34（3）：1.

的数量最多，这主要是因为浙江体育用品制造产业集群中中小企业较多，它们辐射了一部分市场，然后又自发组织形成一个个的产业集群，从而逐渐形成市场认可的产业集群品牌。

（二）体育用品制造集群国内外区域品牌数量

在国际上，世界品牌实验室（World Brand Lab）的"世界品牌500强"排行榜以及英国Interbrand集团的"全球品牌100强"排行榜比较权威，能够登上这两个榜单的品牌一般可被认为是国际品牌。我国的体育用品企业品牌目前在市场销售额、市场盈利率、全球影响力等多个方面都达不到要求，我国的体育用品企业品牌都还没有登上过上述那两个榜单，因此还不能被称为国际品牌。

在我国的品牌也有类似于上述的评定，即国家级品牌的评定，国家级品牌的评定主要有两种方式：一是由商标评审委员会与国家工商行政管理总局共同评审认定的"中国驰名商标"；二是由国家市场监督管理总局委托并授权，并由中国名牌战略推进委员会认定的"中国名牌"。我国拥有这两种商标最多的就是福建省，这离不开福建省政府的积极作为。

（三）体育用品制造集群"中国名牌""中国驰名商标"分布

根据《体育及相关产业分类（试行）》标准，体育用品被划分为三个行业，分别是体育服装与鞋帽、体育器材设备以及相关的体育产品。其中，体育器材设备行业是我国体育产业中最重要的组成部分之一，而体育服装与鞋帽业则是该细分领域里发展最快的部分。相关统计结果显示，"中国名牌"主要集中于体育服装与鞋帽行业、体育器材设备行业，分别占广东、福建、江苏、浙江、山东和上海体育用品制造集群内"中国名牌"的43.8%与56.2%，相关体育产品行业尚无"中国名牌"。广东、福建、江苏、浙江、山东和上海体育用品制造集群内有21个"中国驰名商标"属于体育服装与鞋帽行业，有22个"中国驰名商标"属于体育器材设备行业，相关体育产品行业尚无"中国驰名商标"。[①]

随着体育用品领域企业品牌的发展，山东体育用品制造集群内的体育器材设备行业以及福建体育用品制造集群内的体育服装与鞋帽行业，均呈现出品牌化集聚的趋势。品牌集聚的形成主要得益于区域经济发展水平、企业规模和产业基础

---

① 张颖. 体育用品品牌竞争力提升的知识产权之维[J]. 政法论丛，2015（6）：152–158.

等因素的共同作用。品牌化集聚行业就是在一般性行业中（某一国家50%以上地区进入的某一产业），某一区域具有5个或5个以上国家级品牌。比如，在山东体育用品制造集群内，体育器材设备行业拥有7个"中国驰名商标"和6个"中国名牌"；福建体育用品制造集群内的体育服装与鞋帽行业，已经孕育出17个享誉全国的"中国驰名商标"以及13个享有"中国名牌"殊荣的品牌，这表明这些产业集群已经进入品牌化发展阶段，甚至已经形成了品牌化集群，在行业领域内这些企业已经具有了较高的竞争优势。

（四）体育用品制造产业集群区域品牌化高级水平

在体育用品制造产业集群中，品牌化高级水平指的是那些拥有一定规模和实力的企业，这些企业往往知名度较高，表现较好，获得了消费者的喜欢。通过建立一个基于消费者视角的理论模型来分析我国体育用品制造产业集群中的品牌化战略及其影响因素，可以为我国体育用品制造业提升品牌价值提供有益借鉴。为了探究品牌高级化的水平，可以将企业品牌获得"中国名牌"作为衡量它的有效指标。

我国有很多品牌，其中体育用品制造产业集群品牌化高级水平较高的是上海，处于中等的是广东和山东，较低的是浙江。体育用品制造集群内的品牌数量与企业数量并没有正相关关系，在体育用品制造集群内，如果企业数量比较多，品牌数量比较少，那么就表明了体育用品制造集群内的品牌发展比较滞后，相对地，体育用品制造产业集群的品牌创建基础也比较好。

三、建设体育用品制造产业集群品牌的思路与对策

（一）发挥龙头企业作用，推进集群内部协作

1. 发挥龙头企业示范作用

为了推动企业品牌资产的增值，龙头企业的示范作用必不可少。政府可以引导产业领域内的一些龙头企业实施品牌延伸和国际化策略，并通过这种方式充分发挥龙头企业的示范作用，吸引更多企业，使他们获得品牌建设方面的一些成功经验，从而更好地参与品牌建设。

2. 政府政策支持

在体育用品制造产业集群内，政府要多多进行政策的支持，鼓励扶持一些实力比较强的、已经拥有一定品牌效应的企业，促进其企业品牌建设由省级逐渐向着国家级、国际化品牌不断发展。

3. 借鉴领先经验

在体育用品制造产业集群内，往往有一些企业的品牌建设较差，有一些企业的品牌建设比较好，对于那些品牌建设较差的企业来说，他们可以借鉴品牌建设较好的成功经验，用以创建与运营自己的企业品牌，实施有效的品牌宣传策略，提升品牌的知名度。

4. 合理把握经营切入点

每个企业都需要明确自身的定位，合理把握经营切入点，不断发展自身，使自身成为产业集群内的跟随品牌。贴牌生产为主的企业可以采用双管齐下的品牌创建策略，一方面通过精细的代工业务控制，做好贴牌产品；另一方面要在代工生产过程中汲取品牌雇主的品牌运营经验，积极推进自身品牌的发展。

5. 合理分配企业资源

在体育用品制造领域，通过实施轻资产的"虚拟经营"，比如耐克、阿迪达斯等产业巨头成功将研发、品牌、营销、设计等价值环节的经营运作集中于体育用品制造产业全球价值链中，从而创造了高达75%的利润。目前，我国体育用品制造业正处于转型升级阶段，集群是其重要特征之一。为了推动中国品牌的国际影响力，政府应当对群内企业之间的关系进行重新整合，以引导和动员龙头企业聚焦于体育用品制造产业全球价值链的高端环节，包括品牌、营销、设计等，然后将一些低端的产品生产流程，如生产、制造、组装等环节转移至集群内的中小型企业，以集群为载体，构建由龙头骨干企业主导的供应链网络，对产业链进行延伸，使龙头企业积极发挥自身的领导作用，不断提升整个产业集群品牌价值。

6. 产业集群品牌与企业品牌联合发展

积极推进产业集群品牌与企业品牌的联合发展战略，以促进双方的共同繁荣和发展。这是我国中小企业实现快速成长的重要手段之一。在实施联合发展战略时，可以将产业集群品牌看作母品牌，将产业集群内部的品牌看作子品牌，采用母子复合品牌策略，使母品牌和子品牌共同发展。

7. 采用多元化品牌模式

实施"品牌俱乐部"模式或者是采用"双地名集群品牌",以体育用品制造产业集群价值链的延伸性和关联性为基础,成功构建一个跨区域产业分工协作网络,从而实现产业集群品牌在深度和广度上的延伸。

(二)建立健全服务支撑体系,弥补外部信息供给不足

1. 保障产业产权

要建设体育用品制造产业集群品牌,就需要保障产业产权,保护好产业集群品牌的知识产权,对那些品牌侵权的行为进行法律维权;确立可持续的机制,以预警、预防和控制产业集群品牌的风险;为体育用品制造产业集群申请集群品牌或集体商标,并为产业集群品牌的评估、授权和监管制定操作规范;等等。

2. 广泛应用文化资源

体育用品制造产业集群进行品牌建设时,可以广泛利用区域内的文化资源,将其融入品牌建设之中,全方位地塑造产业品牌形象,不断提升产业品牌的知名度。

3. 确定合理发展定位

体育用品制造产业集群在进行品牌建设时,要确定好合理发展定位,依据产业集群的优势与劣势,对其采用科学的规划与营销,促进其个性化、差异化发展,不断提高产业集群品牌的知名度。

4. 促进信息流通

政府需填补外部信息供给的空缺,以确保信息资源的充分利用。为了最大限度地发挥产业集群的集聚效应,加速产业集群品牌建设,政府应当致力于打造一个优越的政策、市场和服务环境,以有效降低集群内企业之间的信息沟通、市场交易和行政成本,建立健全服务支撑体系;企业通过市场中介服务机构、信息咨询服务机构等中介服务组织,能够更好地了解政府政策、国内外市场信息等相关信息,从而作出正确的决策,促进品牌的良好建设与发展。

5. 构建集群创新网络

为了健全服务支撑体系,促进各个企业进行创新,政府还应当利用产业集群发展战略以及产业政策引导企业、中介机构、科研机构、高校等主体进行协作;

加强对集群内企业的管理，督促企业不断创新；利用风险投资、税收、资金等多个手段，协助企业克服资金瓶颈；加强创新基础设施的建设，及时地向集群内相关主体传递创新信息，不断激发产业集群相关主体的创新热情，促进集群创新网络的发展。

6. 提高信息整理效率

为了弥补外部信息供给不足的问题，行业协会、中介服务机构以及商会等都十分注重对于外部市场以及国际市场上的信息的搜集、整理与分析，从而更好地将其传递给产业集群，更好地促进产业集群品牌的建设与发展。

（三）维护产业集群品牌，克服过多行政干预

1. 构建共同治理格局

在产业集群品牌过程中，必须实现企业与政府、行业协会三者的相互联合，优势互补，这样才能够更好地发挥三者的力量，从而构建出一种共同治理的格局。

2. 帮助平台信息沟通

产业集群与市场信息之间息息相关，为了方便二者相互沟通，可以在这二者之间建立一个高效的信息交流平台，使二者更加便利地交流。通过这个平台，产业集群可以及时地获取到消费者的信息，并依据这个信息及时地调整相关产品的生产以及营销方式。

3. 建立社区平台

搭建一个高效的"产业集群企业社区"平台，以促进产业集群内各个企业之间的信息沟通和交流，并形成多边关系型契约，使各个企业之间的联系更加紧密，相互之间的沟通与交流更加高效，从而避免一些损害产业集群发展的短视行为的发生。

4. 明晰产权归属

在体育用品制造产业集群品牌内有着所有者缺位的缺陷，为了解决这个缺陷，需要明确产权归属，针对产业集群内是否存在龙头企业，主要有两种不同的解决办法。针对存在龙头企业的体育用品制造产业集群，可以将产业集群品牌的产权归属于龙头企业，因为产业集群内，龙头企业往往发挥着重要的作用，其贡献也更大。针对那些缺乏龙头企业、以中小民营企业为主的体育用品制造产业集群来

说，产业集群内的各个企业发展差别并不是那么大，如果将产权归属于哪一个企业都会有人不服，因此，政府部门以及行业协会组织可以对产业集群品牌进行法律认可的注册，产业集群内的每一个企业都必须要达到一定的条件与标准才可以使用该品牌。

5. 重视产品质量

无论是任何产品，往往质量都是占比重较大的一个因素。在体育用品产业集群品牌领域内，体育产品的生产一定要着重其质量，建立完善与质量相关的产品认证体系，把好质量关，避免假冒伪劣产品的产生，为体育用品产业集群打下坚实的质量基础。

6. 统一规范集群内企业

在体育用品产业集群内，对于各个企业都要建立同样的规范与标准，统一管理，无论是龙头企业的产品还是产业集群内的其他产品，都要符合统一的标准与规范，这种统一的标准与规范包括产品品质、制作工艺、产品原材料以及包装规范等等。产业集群内的统一规范与标准可以依据体育用品制造产业集群联盟标准来执行，也可以是集群内的龙头企业牵头组织来制定。总之，产业集群内的产品都必须要符合一定的规范与水准，这样才能够更好地维护产业集群的品牌形象。

7. 政府明确定位

在产业集群品牌建设发展过程中，政府要明确自己的定位，协助产业集群品牌完善其品牌建设发展中的相关政策、体制与法规。政府还需要打击假冒伪劣产品，制止不正当竞争行为，为产业集群品牌建设创造一个良好的环境，维护产业集群品牌声誉。

8. 发挥行业协会作用

在体育用品产业集群内，行业协会也是必不可少的，他们的作用主要是协助政府，同时也服务于企业的理念，以此为出发点促进企业品牌的发展。行业协会应当规范企业市场竞争行为，积极开展质量认证与监测方面的工作，监督各个企业间的行为，引导积极的企业竞争，纠正其不良行为。行业协会应当加强体育用品制造产业集群品牌营销传播工作，展开专项市场调查，搜集相关市场信息，不断促进各个企业之间的合作与交流。行业协会在提升企业产品质量、促进产品创新等方面也发挥着重要作用。企业品牌的培育可以通过行业协会提供的项目引介、融资服务、信用担保等多种手段来实现。对于国际品牌知名度的提升，行业协会也有着重要的作用，它可以组织集群内企业参与国内外体育方面的相关展会，不断提高产业集群内品牌的国际知名度与影响力。在政府政策扶持下，行业协会应充分发挥自身优势，为我国体育用品制造产业集群发展作出更大贡献。

（四）促进集群内企业品牌建设，推进品牌国际化发展

1. 明确品牌战略定位

目前，品牌化已成为体育用品国际、国内市场竞争发展的主流趋势，因此企业必须明确品牌建设的重要战略意义，积极树立品牌意识，明确品牌战略定位，并规划与实施品牌建设以及推广设立品牌战略决策机构，以确保品牌建设的成功。

2. 辨析企业优劣势

企业要想进行品牌建设，明细品牌定位，需要进行多个层面的分析，比如企业品牌的主体行为、客体行为和营销行为等等，通过对这些行为进行深入分析，能够更加清晰地正视自己，明确自身企业和产品的优缺点，同时还要对消费者需求变化进行分析，了解消费者的需求，从而确定好最适合的品牌定位策略。一个企业确定好自身的品牌定位策略之后，还要对其进行个性化塑造。一个品牌要想在市场上立足，就必须要同其他品牌区分开来，突出其差异化，并将之作为核心内容，利用体育产品本身的特质与创意思维相结合，建设出一个十分有特色的个性化品牌。在对体育品牌进行营销时，可以采用多种方式，既可以是一些比较传统的营销手段，比如广播、报纸、电视等等，也可以是一些比较现代的、新颖的传播手段，比如微信、网络、微博等等。除了使用这些传播媒介之外，还可以采用赞助的方式来进行品牌营销，扩大品牌的知名度，比如可以赞助比较知名的体育赛事，还可以选择比较出名的人物来担当品牌形象代言人等等。需要注意的是，在选择体育产品品牌代言人时，需要仔细考虑，选择与体育品牌的理念与形象相一致的代言人，这样才能够获得事半功倍的效果。企业品牌建设完成之后，不能将眼界局限于某一个区域，而是应该将眼界放长远些、开阔些，要采用各种策略，实施各套营销方案，努力争取成为国际奥委会全球合作伙伴（TOP 计划）的资格，打造一个有国际影响力的体育品牌。为了保护品牌资产，企业还需要加强自己的

品牌保护意识，防止品牌冒用以及假冒伪劣产品的产生；要加强商标注册工作，对于一些商标侵权行为，要依据一些法规条例进行维权；同时企业品牌要采用各种手段进行商标防伪工作，如电话和短信防伪、防伪商标等手段。

3. 发挥企业集聚效应

体育产品集群要发挥企业集聚效应，需要建立集群创新网络，将企业与科研机构、高校等的资源都整合在一起，充分利用起来，避免资源浪费，为企业品牌建设提供更多科技研发和技术创新的支持。同时要建立相应的激励机制以吸引更多的企业加入到集群创新网络中来。在高等院校内要设立产品集群的相关专业，为体育产品集群提供所需要的专业人才，同时还要在高等院校内开设领导研讨班，设立在职人员培训课程，建立人才租赁与共享模式等，为体育产品集群提供必要的经营人才。同时加强对集群中中小企业知识产权管理能力培养，提高其创新能力。为了深入了解集群内企业品牌建设的具体情况，政府和行业协会需要展开实质性的调研活动，以制定具有实际效果的扶持政策。

4. 积极实施品牌国际化战略

在体育用品制造产业集群中，要推进品牌国际化发展，就需要产业集群内的龙头企业发挥带动作用。他们应积极推进品牌国际化战略，通过各项标准化的国际认证，为以后产品品牌在国际上的立足奠定坚实的基础；同时要加强对企业文化建设和员工培训的工作，提高企业核心竞争力。龙头企业还要关注国际上的各种新技术、新突破，并将其运用到企业的自主品牌之中，积极推进行业前沿技术的创新与研发，不断探索创新之路，以提升企业自主品牌的内在价值；要向海外的一些企业进行学习，借鉴他们的成功经验，打造国际化的市场运作团队，大力实施品牌国际化战略，加强企业文化建设，提高核心竞争力。本土的企业品牌要具有国际化意识与全球化视野，通过各种方式积极树立企业的国际化品牌形象，比如海外注册商标、购买国际知名品牌特许经营权、海外并购品牌等等，实施"走出去"战略，在国内以及国际市场上投放出一种比较高端的品牌形象。另外，由于不同的国别的文化、思维等大不相同，在企业品牌营销过程中，要因地制宜，针对不同的国别有针对性地实施不同的品牌营销活动。

第二节　我国体育用品制造产业集群发展潜力测评

一、企业品牌商誉力

企业的品牌声誉是构成体育用品制造企业软实力的重要组成部分，它能够促进产品的差异化和附加值的提升。企业无论是在市场的话语权还是其控制价值链的能力，都有明显的增强，因此，在市场竞争中，企业就具备一定的优势。体育用品产业一般被认为是传统的劳动密集型产业，正是因为其生产技术知识并没有过高的壁垒，以及产业集群和其他产业组织形式的普遍存在，这就出现了明显的生产技术知识溢出效应。很多企业的营销和商业模式都存在相似的情况，这就导致体育用品产品的同质化现象愈演愈烈。因此，企业的品牌成为知识经济时代下无形资产的代表，品牌的成功建立可以帮助制造企业在同行业的市场竞争中占据有利地位，也可以通过品牌效应使产品具有更高的产品附加价值，在销售中获得更高的利润。体育用品经常以品牌产品的日常消费品形式面向消费者及行业用户销售，据世界贸易组织的数据库，联合国贸易和发展会议以及不同国际贸易组织的相关数据显示，品牌产品在当前国际体育用品市场上占有很高的比例，约有85%左右。

一些具有高知名度的品牌在企业品牌商誉力中，无论是企业品牌知名度、企业品牌美誉度的指标，还是企业品牌忠诚度、企业品牌价值的指标，它们都具有显而易见的优势。但当下市场现状，我国还没有体育用品制造企业品牌跻身世界品牌500强排行榜和福布斯最有价值运动品牌评选榜单。

通过市场横向、纵向的比较，虽然我国的体育用品制造企业品牌，如李宁、安踏等，实施品牌国际化战略，但目前对于全球前十大体育用品品牌的名望还有距离。与产业全球价值链的高端环节相对的则是组装、生产等获利微薄的低端环节，我国60%左右的体育用品制造企业则仍处于此阶段，使得我国体育用品制造企业的增长缓慢，不利于我国体育用品制造企业的长期发展和体育用品产业的升级转型。

企业品牌商誉力也体现在企业环境保护责任、企业员工发展责任、企业社会公益责任、企业经济责任等内容。企业若能承担起上述责任，则不仅对于企业与企业内部、外部利益相关者甚至社会在达成价值认同上有着促进作用，而且对于企业本身也有树立良好形象的附加作用，使利益相关者和消费者都对企业有着良好的认知，也能使他们放心购买、愿意购买企业产品。按照目前的市场形势来看，企业的社会责任也是消费者产生购买力的潜在因素，大部分消费者会将自己的购买意愿和企业的社会责任表现画上等号，甚至部分消费者认为企业的社会责任表现是影响其购买决策的主要因素。企业如果对于企业应承担的社会责任漠视不管，则消费者的消费情绪在市场上也会反映出来，总的来说，中国消费者更倾向于支持具有社会责任感的企业，企业也应该重视社会责任的履行，这对于企业的长远发展影响深远。

我国知名的体育用品制造企业在承担社会责任方面起到了很好的表率作用。例如，2010年中国体育用品业联合会推出了《中国体育用品信息·企业社会责任专刊》对我国包括李宁、安踏、泰山、匹克、361°等上百家国内知名品牌的体育用品制造企业进行简单的采访调查。调查结果显示，在企业应具备社会责任这一理念上，普遍都对此有高度认同。听其言，观其行。很多企业也已经参与到履行社会责任的实际活动中去了，并在活动开展中对企业身兼的社会责任有了更深的理解。

二、企业文化力

企业文化力参与企业软实力的构成，也十分重要，必不可缺。正是由于企业文化力在企业统筹管理上有着自身独特的功能和作用，才使得其在企业软实力中有着不可替代的地位，是企业软实力的重要组成部分。换句话说，企业文化力对于体育用品制造企业软实力的形成有着不可替代的作用。从认知心理学的角度来看，企业文化能够使企业员工、供应商、客户等企业利益相关者以及社会大众对企业有一个基本的"性格方面"的了解，并对企业本身产生积极的认同感，从而为企业发展创造良好的人文环境。从战略的角度来看，由于企业文化彰显企业特征，因而具有难以模仿和差异化的特点。在当下的信息网络化时代，企业生产技术与知识的可模仿性、可获得性以及外溢性的增强，致使企业难以凭借领先的技术将其作为核心竞争力来保持行业领先地位。但构建企业文化力则为企业指明了抽象概念上差异化竞争的方向。因此，越来越多的企业选择将企业文化力作为企业的核心竞争力，并依靠企业文化力的融合作用促进企业技术、管理以及组织创新，使得企业的竞争优势逐渐从有形向无形转变。

三、企业创新力

企业要想实现自我强化、自我发展，必须把创新作为形成核心竞争力的根本性动力。我国体育用品制造企业已经深刻领悟到了企业创新力对于企业发展的至关重要，因此将其视为构成体育用品制造企业软实力的重要组成部分。英国经济学家情报社曾强调，企业核心竞争力的建立和维持取决于多个因素，其中技术创新能力及其持续性是构建企业核心竞争力的基础因素之一。

R&D 活动规模（企业创新研发及其试验经费，其数额越大说明 R&D 规模越大）与强度指标（企业创新研发及其试验经费支出/销售收入，其比率越大说明创新研发投入越大）是公认的衡量企业技术创新能力的关键指标。根据相关统计数据，体育用品产值规模 CR3（产值规模排名前 3 的省份的总产值占全国总产值的比率）达到 75% 以上的为福建、浙江、广东 3 省，其 R&D 投入分别为 7.82 亿元、7.28 亿元和 6.95 亿元，换算成投入强度指标值分别为 2.10%、2.11% 和 2.03%。与之相比，耐克、阿迪达斯等国际体育用品公司的 R&D 投入强度指标值处于 10%～30% 区间。依据国际经验，R&D 投入强度指标值小于 1% 的企业在市场上难以生存，达到 2% 的企业仅能维持生存，处于 5%～10% 区间的企业才具有一定的市场竞争力。由此可见，企业创新研发投入过少，制约了我国体育用品制造企业技术研发能力的形成与发展。[①]

我国的体育用品制造企业有两种发展路径，一种是承接国际转移的体育用品产业，另一种是为满足国内需求逐步发展而形成的。在这一过程中，企业们逐渐探索出了"干中学"和"模仿—套利"的技术研发路径，并形成了路径依赖。这对于企业技术研发模式的更新换代不利，惯性依赖老一套固化了的模式，这就对技术研发制度的创新提出了新的要求。

---

① 路璐. 我国 R＆D 投资与绩效关系的研究现状 [J]. 财经界，2015（11）：123.

四、企业集成整合力

企业集成整合力也是构筑企业软实力的重要因素。企业的运作、生存和发展都绕不开资金、技术等要素的流动和互通，它们相互联系、相互作用，构成了企业链。企业是现代市场经济的一种有效组织形式，企业通过企业链使资金、技术、物质等要素转化形成企业产品价值，并最终通过与消费者的商品交换实现价值及其增值。企业链对企业来说是一种适者生存的竞争机制，只有企业与企业链形成共同发展，才能推动企业的生存和发展。不同企业链之间形成相互联系、相互影响的网状结构，从而形成企业间的协作。优势企业在这种网状结构中可以做到绝对核心，并因此占据优势地位，还可以充分利用企业链网状结构来增加自己的竞争力。

为寻求市场竞争优势，体育用品制造企业需要有效地形成企业集成整合力。体育用品制造企业链包括产品研发设计、生产原料供给、物流配送、加工制造、订单处理、品牌营销、终端销售等环节。经过对上述环节的集成整合，体育用品制造企业才能做到有效利用企业链，从而增加企业竞争力。耐克就是很好的例子，它依托于相比同行业内更优越的企业集成整合力，逐渐发展成为全球知名的体育用品制造企业之一。耐克依托现代信息网络系统以及企业资源计划系统，采取虚拟经营模式，只保留最为核心的产品研发设计、品牌营销等企业链价值增值最大的环节，反之将价值增值相对小的加工制造等环节外包给具有劳动力、土地等生产资料有优势的国家。同时，对于生产原料供给、物流配送、批发流通、终端销售等环节进行合理优化，并整合全球各地的合作商、供应商、销售商。

在企业供应商管理与维护、企业客户信息管理与维护等方面，国内该领域企业较少引入客户关系管理系统、供应商管理系统，以至于不能实现对客户、供应商进行动态服务、管理与优化的过程。力图参与国际化发展的企业其海外营销网络与渠道构建迟缓，并偶有被卷入恶意竞争的现象，如市场竞争威胁到耐克等代工发包商而受到胁迫甚至封锁。在企业公共关系策划运作方面，国内企业的存在公关意识和公关能力不足的问题。

第三节　我国体育用品制造产业集群培育研究

一、影响体育用品产业集群创新发展战略制定与实施的因素

影响体育用品产业集群创新发展战略制定和实施的基本因素是市场需求。市场需求的主要动力之一是体育消费。制定和实施体育用品产业集群创新发展战略，其市场需求具有阶段性特征。娱乐休闲类商品消费中，体育用品行业消费是不可忽视的一环。根据国家统计局公布数据显示，2017年该领域投资较上年增长7.2%，消费增长10.2%，从需求结构看，已经从主要由投资拉动变为由投资与消费共同拉动，2017年消费对经济的贡献率达到58.8%以上，这比起发达国家70%～80%的贡献率还有较大差距。2017年体育用品产业类商品消费同比增长15.6%，高出社会消费零售品总额增速5.4个百分点，体育产业呈现欣欣向荣的发展态势。①

二、实现体育用品产业集群创新发展战略的设想

（一）构建体育用品产业集群创新发展战略体系

制定、实施体育用品产业集群创新发展战略，不仅需要投入大量的资金、产品、服务资源，还要能够最终被体育消费者接受，这是一项复杂而系统的工程。构建完整的体育用品产业集群创新发展战略体系，需要在理念、战略、制度、技术、资金、人才、市场等方面创新，并使各个因素都能做到全面发展，才能在协同有效的创新发展战略中，取得体育用品产业集群发展的实效。

1. 观念创新能力

观念创新能力对于实现体育用品制造产业集群有着重要意义，它是培育体育用品产业集群创新发展战略核心竞争力的先导。当原有本行之有效的战略不能在长期的市场竞争中依然保持优势时，观念创新使体育用品企业就有了更多元化发展目标的可能，它使得企业有能力通过集群创新战略和创新机制发现、获取、利用并整合企业内部资源和外部资源，改变目前企业创新战略实施的劣势，实施卓

---

① 王赛锦.2017年世界投资报告：投资和数字经济[J].国外社会科学文摘，2018（1）：8-10，66.

越的产品研发能力和营销策略,进而能做到迎接国际化发展的挑战。

2. 策略创新能力

策略创新能力是否具备意味着企业能否在长期竞争中具有生存的能力,策略创新能力强,体育用品产业企业在战略部署上适应市场的能力就强,相反,策略创新能力弱,体育用品产业企业在战略部署上适应市场的能力就弱。面对风云诡谲的国内外市场,我国体育用品产业企业若想有立锥之地,就要在科学技术、品牌强化、产业重组、人才资源等方面做好策略创新。

3. 市场营销创新发展能力

市场营销创新发展能力,是构建体育用品产业集群创新发展战略体系的重要一环。它启示企业要确立以市场为导向、以创新为基石的卓越的产品研发能力和营销策略。实现由传统的市场营销方式向现代市场营销方式转变和从单纯追求企业利润转变为兼顾造福于环境的可持续发展整体营销、服务营销、形象营销、绿色营销和网络营销等多元化的现代营销方式。

4. 技术创新能力

技术创新能力是实现中国体育用品产业集群创新发展战略制定和实施的基础,也是实现制定和实施体育用品产业集群创新发展战略获取持久竞争优势的基本动力。技术能力提升的方式有模仿创新、合作创新、自主创新,中国体育用品产业集群的创新要从自己的实际出发,选择技术创新的方式。

5. 制度创新能力

制度创新能力是体育用品产业集群创新发展战略制定的最根本的需求,是实施核心竞争力的重要保障。体育用品产业集群创新发展战略的制定离不开有效的管理,在市场竞争中也能体现出管理水平的参差,管理水平又直接关乎制度的优劣,体育用品产业集群创新发展战略的制定与实施要提高管理效益,就要重视组织设计和组织变革,即制度创新。中小企业在我国体育用品产业集群企业中的数量还是占大头,这些企业应从传统的机械式组织转变为有机式组织。

(二)提升体育用品产业集群创新发展战略的自主创新能力

1. 提升体育用品产业集群创新发展战略自主创新的能力意义

针对当前我国体育用品产业集群创新发展战略制定和实施的问题,提升体育用品产业集群创新发展战略自主创新的能力对于防范集群创新风险和衰退，以及在提高产品在市场的竞争力上具有十分重要的意义。

2. 体育用品产业集群创新发展战略自主创新构成要素的体系

为了促进发展战略并增强自主创新能力，需要整合技术、资金、人才、市场和政策等资源，建立和培育体育用品产业集群。通过调整科技管理机制，促进自主创新资源的充分发挥，推动体育用品产业集群创新发展策略的实施。通过逐步提升对体育用品产业集群的科技投入，以增强自主创新能力为目标，推动其创新发展战略。建立科技服务平台，以支持体育用品产业集群的创新发展战略，并提供自主创新的支持。通过加强科学普及宣传，推进体育用品产业集群的创新发展，培育自主创新的氛围。采用多元化的策略，实现体育用品产业集群创新，提高自主创新能力，以解决产出与投入之间的问题。要提升体育用品产业集群的自主创新能力，完善自主创新机制和手段，并采取名牌战略。我们需要加强体育用品产业集群的创新能力，使其能与相关体育产业更紧密地结合起来，从而提高其市场竞争力。

2022年北京冬奥会为启动体育用品产业集群的创新发展战略，以推进我国体育用品产业朝着更高的发展水平迈进，作出了新的表率。通过利用现有的体育用品产业集群高新区、大学体育用品产业集群科学园和软件园等载体，积极推进高新技术体育用品产业集群的发展，促进了我国体育企业实现自主创新，并将其建设成为一个重要的产业发展基地。

政府以科学发展观为指导，依照"政府引导、市场运作、高端引领、自主创新，环境优化、国际整合，循环集约、集群发展"的原则，为高新技术体育用品产业集群的自主创新提供政策支持。这可以实现集聚国内外优势品牌、知名企业、研发机构和集团总部的目的，从而打造世界一流的体育用品产业集群，推动该产业集群的创新发展。

政府应加快制定体育产业用品集群创新发展政策，促进建立现代体育产业集群创新体系，提高其科技含量和竞争能力，从而实现跨越式发展。这将成为体育产业崭新的经济增长源泉，是调整体育产业经济结构战略的重要依据。这不仅是推进体育产业科技创新、扩大体育产业消费，以及服务全民健身的关键支撑，同时也是改变体育产业经济发展方式的重要着眼点。

第五章　我国体育用品定价方案研究

正是基于人们对体育产品的理解不同，使得人们对体育产品的预期价值也不同，价值对于不同的消费者来说存在很大的差异；价值是根据预期价值和预期利益来确定的，消费者对体育产品利益的主观感受和印象是确定正确价格的基础，从某种意义而言，印象对于产品的定价十分重要。本章主题为我国体育用品定价方案研究，分为两节：我国体育用品定价方法、我国体育用品定价策略。

第一节　我国体育用品定价方法

从广义角度来说，价格是指消费者用来交换拥有或使用产品及服务利益的衡量。从狭义角度来说，价格是指企业因提供产品或服务向消费者收取的金钱。无论是过去还是现在，价格通常是影响购买选择的主要因素。例如，在较贫穷的国家里、较贫困的群体之间和大宗商品交易中，还是难免要考量价格的因素。但是，随着财富的积累和相对和平稳定的社会因素，在近几十年里，非价格因素在买方选购行为中已经变得越来越重要了。

不管体育产品或服务的价格是怎样形成的，价格总是围绕着体育产品或者服务的价值进行上下波动。

对体育产品的使用者而言，体育产品的预期利益取决于产品的有形或无形的特征。产品的有形特征对消费者的选择是非常重要的，是消费者能够看到、触摸或感觉到的产品特征。例如，座位的舒适度、特许产品的质量、体育馆的外观等。体育产品的无形特征对体育产品的价格同样具有重要的作用，如观看体育比赛时除了享受比赛过程之外，无形的特征还包括与朋友和家庭共度的时间、与获胜球队的情感联系和交流，或者在比赛转播中的"上镜"机会。

观看一场体育比赛的价值是因人而异的，对于不同的消费者来说，即使消费的是同一种商品，其价值在消费者心中也会存在较大的差异。对于一名高度介入的球迷而言，芝加哥公牛队的门票意味着他有幸目睹篮球巨星迈克尔·乔丹的风采，可是对于那些介入程度不高或没有介入的球迷来说，同样的比赛只是浪费时间而已。再比如一张棒球卡可能标价 600 美元，收藏者或棒球狂热爱好者可能视若珍宝，使其无形利益超过了价格；而对非收藏爱好者来说，这张卡的价值比印刷这张卡的费用高不了多少。

一、影响定价的主要因素

目标市场战略与市场定位是体育产品定价时必须考虑的因素。假如某一体育产品是企业为收入较高的消费者生产设计的，其目标市场和定位就决定了价格要高。此外，维持生存、利润目标、市场占有率目标都是影响体育企业对其产品定价的重要因素。对于体育政府组织或非营利机构而言，其定价目标就涉及政治、经济、文化、观众需求等多方面的因素。下面主要就体育企业的定价目标进行分析：

（一）体育产品的定价目标

1. 维持生存

当企业受到生产力过剩、激烈竞争和顾客需求变化的困扰时，往往会把求生存作为主要的追求目标。此时生存目标成为企业最重要的目标，为了维持企业正常的运转，企业必须制定较低的价格，只要其销售收入能够补偿可变成本和部分固定成本，企业就可以继续维持生产经营。

2. 本期利润最大化

许多企业都希望制定的价格能满足本期利润最大化的目标。他们在估计不同价格下的需求与成本之后，选择的价格是能够产生最大的本期利润、现金流量或投资回报率的。这一策略的前提是企业必须充分了解其产品的需求函数和成本函数，借助这两个函数企业才有可能制定出符合本期利润最大化的价格，大多数营利性体育组织的定价期望都是按照这一目标进行的。但由于体育产品的特殊性，其需求与成本函数在现实操作中较难确定，所以在现实操作中就会产生因本期利益而放弃长远利益的行为。

体育产品中还有另外一种特殊的产品，这类产品不仅要实现利润目标，更要注重其承担的公益性任务。例如国家投资的公共体育场馆，非营利性体育组织应以获取适当利润为目标，但不能盲目追求本期利润最大化。

3. 市场份额最大化

市场份额，也称市场占有率，是指企业的销售额占整个行业销售额的百分比。一些企业希望通过定价取得更高的市场占有率，他们认为，高的市场占有率随之而来的是低的成本与高的长期利润，所以在制定价格时希望能以尽可能低的价格抢占高的市场占有率的有利地位。但这一目标受到的限制比较多，要求市场对该产品的价格高度敏感，需求能因低价的刺激迅速增长，或者该产品产量越大成本越低，抑或这种低价可以减少实际与潜在竞争者。只有满足上述条件之一，企业才能考虑通过低价占领市场。一般而言，体育用品制造业、体育器材等行业的定价目标都是以市场占有率目标作为阶段性目标进行的，最终是为了实现利润最大化的目标。尤其是像新兴体育用品市场的开发，公司进入该市场时大都采用市场占有率目标，甚至不惜冒着亏损的风险。有的跨国公司在进入我国体育市场时，提出在若干年内，只为提高市场占有率，而可以不计较利润目标。但体育表演类产品、赛事赞助类产品就不适用这类目标。

4. 产品质量最优化

企业以优质产品赢得市场也可以成为企业目标的一种。在市场上本要树立一个产品质量最优的形象，可能随之而来的却是生产成本、产品研发费用、促销费用的节节攀升。为了补偿这一部分成本，企业不得不以较高的价格将产品推向市场。体育制造企业的一些高端体育产品就是期望以高质量、高价格获得目标顾客的认可。

体育组织可以根据企业自身规模和管理的具体情况，选择适合本企业的定价目标，可以采用其中一个目标，也可以是目标组合。实践中有些体育产品的定价也是比较困难的，因为牵扯的部门与因素都很多，例如大型公共体育产品冠名权的定价目标就更具有很多不确定因素，需要政府部门、体育局、场馆运营部门多方面分析、探讨、协商才能最终给出结果。

（二）影响定价的主要因素

1. 内部因素

（1）市场营销组合变量

尽管价格是营销组合中的重要因素，但在确定一项体育产品的价格时，还必须综合考虑其他营销组合变量。价格必须考虑产品的质量、产品的分销渠道选择和促销，所有的营销组合因素之间都必须协调一致，共同围绕着营销目标展开工作。

那么价格是如何与其他营销组合变量相联系的呢？体育产品价格和产品的促销组合之间存在着密切的关系，促销组合包括广告、公共关系、个人推销、销售促进等，这些因素都涉及产品的成本控制，都与产品的价格直接相联系。

销售促销的许多形式也直接与价格有关。例如，价格下降就是为了促进体育产品销售而进行的价格折扣，赠送券和部分退款是让消费者从最初的购买价格上获得一点儿回扣。此外，保修单也能够用来保证降价后商品的质量，以便同消费者建立起长期的关系。促销组合中的公共关系也能够从几个方面同价格相联系。宣传发布会和公共关系都会向潜在顾客强调产品的价值，从而吸引公众注意新产品的特征、价格。

价格和促销的最后联系就是促销本身的成本。开展促销活动的价格可能影响潜在的顾客。营销组合中的分销因素也同价格的制定有关。一项体育产品的价格肯定受所选择的分销渠道的影响。在传统的渠道中（产品制造商—分销商—零售商—消费者），覆盖整条渠道的价格都会对消费者的购买价格产生影响。在现代的销售渠道中，例如网上购物，价格通常就会下降。

（2）非价格竞争因素

非价格竞争是指通过包装、产品设计、促销、分销或价格之外的其他任何营销组合的变化来创造一项新的差别优势，以获得产品的竞争优势，进而确定较高的产品价格。

采取非价格竞争，在于产品本身能得到消费者的认可，如果消费者能感觉到的产品的独特性越多，公司在制定比竞争对手高的价格方面就越有余地。采用非价格竞争策略也有一定的风险，对于一些高档次的体育用品（或体育赛事）就可以利用其非价格因素进行竞争，但对于一些低档次或大众化的体育用品或体育赛事运用非价格因素竞争就存在很大的风险，这些产品本身在市场上就没有形成相应的优势，自己人为地制造优势，如果不能得到消费者的认同，反而会起到适得其反的作用。

例如，耐克公司就是通过提升它的技术含量，如使产品相对于竞品更舒服和更时尚，并采用更多流行元素来提高其产品的价格，以区别于市场上其他品牌的运动鞋。威尔逊公司为它的高尔夫球品牌采取非价格竞争策略，主要突出它的包装、产品设计或其他因素。如果消费者不能认识到这种品牌的高尔夫球的特质，或者不在意这种产品附加值，那么他们很可能就无法开拓此类人群的目标市场，因为竞争者能提供同样服务而价位又相对较低的产品。当采用竞争价格策略时，卖方为了刺激消费者需求就会低价销售。例如，二级运动联盟组织就成功地运用过价格竞争策略来吸引那些不能或不愿意花大价钱去大联盟观看比赛的消费者。

当然，大联盟也会采取反击策略，强调它的无形价值。这些无形价值包括激烈的竞争、激动人心的氛围以及明星的高超技艺等。

（3）产品的成本

众所周知，利润等于收入减去成本，成本核算是定价行为的基础。企业要保证生产经营活动，就必须通过市场销售收回成本，并在此基础上形成盈利。产品成本是企业制定价格时的最低界线，即所谓的成本价格。

成本是与体育产品的制造、促销、分销过程直接相关的因素。为了组织一场商业比赛，必须支付运动员的出场费、奖金以及场地费、服装及设备费等，此外还有教练员、训练员和设备管理员等的费用。另外，还需支付公用事业费、清洁费、维修费和保安费等。

除了以上这些直接成本外，还包括广告、比赛促销、筹备办公室人员（秘书、管理人员、情报人员等）的薪金、运动队的交通费等。所有这些成本都能表示为可变成本和固定成本之和：TC=FC+VC。其中 TC 为总成本，FC 为固定成本，VC 为可变成本。

固定成本就是指那些稳定的、不随产品质量的好坏变化的制造成本的总和。例如，场地费、所有人员的薪水以及交通费用等都是固定成本。这些不随着消费产品的多少而变化。赛前的促销也可能被视为固定成本。

可变成本是指随着被消费的产品数量的变化而变化的生产费用总和。广告可以代表一个可变成本，如果运动队的门票销售不好，广告支出费用增加，那么这笔费用就是可变的。

一支运动队所占用的可变成本很少，但是纯体育产品的制造商可能会遇到数量惊人的可变成本。通常，制造一项体育产品的可变成本占总成本的 60%～90%。例如，产品包装费和产品材料费就会随着销售数量的变化而变化。

成本通常被认为组织内部的可控因素，但有时也包含了不可控的因素。如地方最低工资标准的提高，导致体育企业部分人员工资的上涨；职业足球联盟为运动员制定的最低工资标准，促使俱乐部提高球员的工资；石油价格的飞涨，导致全球商品价格不断上涨，最终影响到体育用品企业制造成本上涨。

（4）组织的目标

组织的目标也是影响商品或服务价格的一个重要因素。产品成本的计算只是确定了体育产品价格的底价，但它还远远不能满足企业的期望值，即目标。组织的目标包括收入目标、销售目标、竞争目标和社会影响。

从长远来看，所有的职业体育组织都关心他们的利益最大化或投资的回报。而业余组织则不同，他们的组织目标是为运动员提供一个竞争的地方和负担成本。

如果提高销售量是组织最基本的目标，那么体育产品制造商或运动队就会制定较低的价格来鼓励顾客更多地购买，低价是提高销量的因素之一，也是最常见的销售手段。销售目标主要关注保持或提高市场份额和刺激销售增长，通过制定低价或提供价格折扣还可以吸引新的消费群体尝试体育产品。

一个组织可能要面对竞争、避免竞争或降低竞争价格来抢生意。这些竞争目标是与最后的定价决策直接联系的。在我国，原来只有足球项目职业化，如今职业化已推广到篮球、排球、乒乓球、围棋、武术散打等观赏性较强的体育运动项目。国外的体育赛事也在大量涌入，对国内体育产品的销售造成了巨大的冲击。体育产品价格也是保持体育市场竞争优势的一个重要手段。

社会影响也可能影响定价决策的组织目标。许多体育组织，特别是业余体育组织，都是基于社会关注程度而决定他们的体育赛事价格的。如某地环城公路自行车赛、马拉松跑等，这种赛事或活动的组织目标就是鼓励人们来参加节日的商业和庆祝活动。

不管组织目标是如何建立起来的，但每一个目标都在制定体育产品价格的时候起着重要作用。在实践中，体育组织通常不只确定一个目标。体育组织如果清楚地理解了组织目标的话，就能够更加有效地制定它的产品价格。

2. 外部因素

上文对内部、可控制的定价因素进行了分析，而那些外部的、不可控的包括消费者、经济、竞争、法律和技术等因素，也在定价之中扮演着重要的角色。

（1）消费者因素

①消费者需求

消费者需求是决定体育产品价格的最关键的因素。需求是指消费者在一定价格下愿意购买某项体育产品的数量。为了更好地理解需求定律以及它对体育商品价格的影响，首先来看一下需求弹性。需求价格弹性用来解释消费者对于价格改变的反应，即消费者对产品价格变化的敏感程度。

价格弹性公式为：价格弹性＝需求数量的百分比变化／价格的百分比变化。

消费者的价格弹性可以从以下三个方面来说明：缺乏弹性、富有弹性和单位弹性。

缺乏弹性是价格的变化对销售量没什么影响或影响很小。如果是缺乏弹性需求，那么价格弹性小于或等于1。由于门票需求量巨大，就算主办方提升价格，还可能将门票售光。

富有弹性是指价格上的一点变化都能引起需求数量的巨大变化。例如，中国CBA门票的价格降低，就会引来大量消费者观看；而一旦门票价格上升，就会使观众人数迅速减少。富有弹性的价格弹性大于1。

单位弹性是价格弹性等于1，是一种巧合的情况，它表示需求量和价格的变动量刚好相等，或需求量的变动与价格的变动量高度相关。如果某个运动队或俱乐部在球迷心目中有较高的知名度，那么其需求弹性就可能变小，即对价格的敏感度会有所降低。

②估计需求

体育产品的价格和体育产品销售之间存在一定的关系。但是，在营销过程中，体育产品营销者不可能不断地改变产品的价格来判断对销售所产生的影响。所以营销者必须要发展需求估计，主要有三种方法，即消费者偏好、相关替代产品的有效性和消费者的收入。

消费者偏好：消费者偏好是消费者根据自己的需要，对可能消费的体育产品进行排列。不同的人在相同收入、相同价格条件下会购买不同的产品组合，这是因为他们的偏好各不相同。有的消费者偏好于足球、篮球、网球等观赏性强的运动项目，有的消费者偏好跑步、太极拳、跳舞等参与性较强的项目。

相关替代产品的有效性：通常来讲，当某个体育产品的替代产品的数量增加时，这个体育产品的需求量就会降低。一般来说，职业体育队没有同类替代产品，所以，增加了门票价格，它的需求量相对来说也会保持不变。但是如果一个城市的某一运动项目发展得较好，相应的其他运动项目就会受到一定程度的限制。如大连市的足球运动非常普及，该地区的足球迷就会较多，而其他运动项目的发展就会受到一定的限制。

消费者的收入：这是影响消费者购买能力的关键因素。简单来说，消费者的收入越高,他对不同体育产品的需求也就越高。潜在消费者购买体育产品的能力同样与经济环境的状况有关。消费者的收入越高,对各种体育产品的需求就越高,可接受的价格变动范围就越广。

(2)经济周期

目前的经济周期也影响着定价决策。如经济衰退时期,各种经济行为减少,对商品和服务的需求也会减少。此时,体育经营者能够通过维持或略微降低价格来适应经济的减速,同时强调体育产品的持续价值。而通货膨胀时期,体育产品的投入成本将会上升,最终影响消费者的购买价格也会上升。此时,体育经营者要采取降低成本的战略而不是提高价格。

无论经济周期处于什么阶段,都必须明确定价和经济因素之间的直接关系,价格的调整要适应经济因素的变化。由制造商和体育组织制定的价格会对产品和服务的需求量产生巨大影响。反过来,需求量的变化也会影响经济大环境。

(3)竞争因素

竞争是决定价格最为重要的因素之一,每个体育组织都必须密切关注竞争对手的价格,以便更好地实施自己产品的价格策略。销售者的定价的自由程度随不同的市场类型发生变化,体育组织主要面临四种市场类型,即完全垄断、寡头竞争、垄断竞争和完全竞争。

多数职业体育组织都是在完全垄断的状况下进行的,这就意味着他们为这个独特的产品制定价格,他们是唯一的销售者。大多数情况下,在同一项目领域是不存在两个体育协会的,大多数体育协会都可以按照自己的意愿来控制价格。国际奥委会、国际足联等体育组织是最大的垄断机构,在这一行业中不存在竞争对手,其价格的制定完全是一种垄断行为。

寡头竞争就是由少数几家大企业控制一个市场。寡头竞争存在的条件是市场上除了他们之外不存在其他卖主,他们中的每一个都会对市场产生影响。在体育产业领域,寡头竞争的例子就是体育传播网络,如ESPN(娱乐与体育电视网)、CNN(美国有线电视新闻网)和FOX(福克斯广播公司)都拥有对市场的绝对控制权。

在体育用品市场中,垄断竞争也是很常见的。在垄断竞争的市场上,有很多卖主和买主,对于同一种产品,有很多品牌可供选择。例如,所有的网球拍在外形和材料上基本上是一致的，对于一般的消费者而言，在功能上也不会存在很大的差异，但网球拍生产企业会在其他营销组合因素（促销、产品形象、特殊服务）上大做文章。

完全竞争是指市场上的竞争者太多，但是没有谁能够单独地影响市场价格的市场结构。完全竞争存在的市场条件是：卖主卖的是同类产品，且很容易进入市场。尽管完全竞争在农业中存在，但是它却不存在于体育产业中。

（4）法律因素

除了上述外部因素外，体育营销者还必须考虑到法律因素对价格制定的约束。如《价格法》《反不正当竞争法》《消费者权益保护法》《公司法》《税法》《体育产业行业标准》等都可能会对体育产品的定价产生一定的影响。

（5）技术因素

毫无疑问，所有的体育产品都在越来越多地采用先进的技术，技术的发展对于体育产品价格的制定有着直接或间接的影响。调研和开发的高成本以及更高的生产和材料的成本，使得体育产品的价格在不断地上涨。但是有的时候高科技的应用可能提高生产效率，改变销售的渠道，从而降低产品的成本，如网络的普遍应用，让人们通过电商购买可以花费更少的钱而购得同样的体育产品。

二、体育用品的基本定价方法

实际工作中，企业的定价方法有很多，不同市场竞争能力的企业以及不同营销环境中的企业所采用的定价方法是不同的，就是在同一类定价方法中，不同企业所选择的价格计算方法也会有所差异。下面主要介绍成本导向定价法、需求导向定价法和竞争导向定价法：

（一）成本导向定价法

1. 成本加成定价法

成本加成定价法是一种基本的定价方法，即在单位产品成本的基础上，加上预期的利润额作为产品的销售价格。售价与成本之间的差额即利润。成本加成定价法的计算公式是：单位产品的售价 = 单位产品成本 × (1 + 成本加成率)。

在确定加成率上，要秉持合理的准则，这是此法的关键之处。通常情况下同质性产品的加成率低于异质性产品；在一些有弹性选择的商品上的加成率就要比缺乏弹性选择的商品高；市场竞争激烈的商品的加成率低于市场竞争较弱的商品。

2. 目标收益率定价法

目标收益率定价法是指企业为了实现预期的投资收益率，根据投资总额和估计的总销售量来确定产品售价。目标收益率定价法主要还是在一些高市场占有率的企业或是一些具有垄断性质的企业中实施其方法，尤其是大型公用事业单位。目标收益率定价法的关键是合理地确定目标收益率。一般来说，确定目标收益率应综合考虑投入资金来源、投资回收期限、产品生命周期、消费者需求弹性、市场竞争状况等因素。

3. 盈亏平衡定价法

盈亏平衡定价法是在生产任务不足或产品过剩条件下企业经常采用的一种定价方法。通俗来说，就是指以产品销售收入和产品总成本保持平衡为原则的定价方法。利用盈亏平衡定价方法，帮助企业设定在有限的条件下实现不亏损成本的基本目标，企业可以在既定产量下确定最低产品售价，也可以在既定价格下确定最低产品销售量，它是企业比较和选择定价方案的有效方法。盈亏平衡定价法的计算公式是：单位产品价格＝固定成本／收支平衡点销售量＋单位变动成本。

成本导向定价法是一种卖方定价导向，它忽视了消费者的需求、市场竞争状况，运用这一方法制定的价格目标是建立在对销售量主观预测的基础上的。目前在我国推行的全民健身路径的定价在一定程度上就是一种成本导向定价，由于这种产品的设计、制作、生产等流程相对固定，其产品的销售价格也相对明确，主要是根据生产原材料成本、生产工艺、劳动力成本、售后维修成本加上一定的市场利润来确定的。由于这种产品大都是各地政府采购，而政府采购行为大都采用招投标法进行，企业在确定全民健身路径市场销售价格时就只能根据其产品的成本了。

（二）需求导向定价法

需求导向定价法的特点就是不与成本发生直接的关系，灵活有效地运用价格差异。针对平均成本相同的同一产品的价格，不断根据市场需求进行调整变化。

需求导向定价法是根据市场需求的状况和消费者对产品价值的认知差异而确定产品价格的方法。主要包括理解价值定价法、需求差异定价法和逆向定价法。

1. 理解价值定价法

理解价值定价法主要是根据消费者自身对产品价值的理解度为定价基础来进行定价的。简单来说，就是当商品的价格和消费者自身对商品的估值基本一致时，消费者会接受这种商品的价格。这种方法的关键在于企业如何和消费者对产品价值的理解同步。如果企业高估了消费者的理解价值，那么在给产品定价时难免会出现因价格不符合消费者心理预期而导致市场销售量不高的现象，如果企业低估了消费者的理解价值，那么尽管走上薄利多销的道路，却难免错失自身产品价值利益最大化的机会。

因此，问题就还是回到了理解价值定价法的关键，即企业要和消费者对产品价值的理解同步。对于企业来说，要采取措施提高消费者对商品价值的认知程度，包括实行差异化战略、做好广告定位、加大宣传力度以及塑造好良好的企业形象等等，并且要谨慎地分析和判断消费者对于商品价值的认知程度。

2. 需求差异定价法

需求差异定价法是指产品价格的确定以消费者的需求为依据，将相同的产品或服务以不同的价格卖给不同的消费者。

需求差异定价法的具体形式有：

（1）因消费者而异

即同一种商品以不同的价格分别卖给不同的消费者。如体育比赛的门票，对学生、军人和伤残人士要给予不同的优惠或折扣。

（2）因时间而异

即对于不同的季节、不同日期甚至不同时间购买商品或服务的消费者分别制定不同的价格。如高尔夫俱乐部对于非会员的场地租借费，在非高峰期间给予折扣；保龄球馆每一局的价格在不同的时间也存在较大的区别。

（3）因地点而异

即对于处在不同地理位置的商品或服务分别制定不同的价格。如在体育场馆观看体育比赛，不同地点的座位其价格存在较大的差异。

实行差别定价，必须具备一定的条件：第一，市场必须能够细分，而且这些细分市场具有不同的需求程度；第二，付低价的细分市场人员不得将产品转手或转销给付高价的细分市场；第三，细分和控制市场的费用不应超过差别定价所得的额外收入；第四，实行这种定价法不应该引起消费者的反感和敌意，差别定价的形式应是合法的。

3. 逆向定价法

逆向定价法就是企业根据消费者可接受的价格或后一环节卖主愿接受的利润水平确定其销售价格的定价方法。此方法有利于企业加强同中间商的关系，调动中间商的积极性，从而扩大商品销售。现实生活中依靠中间商推销的制造商或大多数批发商多采取这种定价方法。计算公式是：批发价格＝市场可销零售价格/（1+批零差率），出厂价格＝市场可销零售价格×（1-批零差率）×（1-销进差率）。

一般的体育比赛和艺术表演的门票定价都是采用顾客导向定价法，尤其是一些商业体育比赛，在一个城市或一个国家只举办一次，产品没有替代性，消费者对这种赛事或活动的认识还不全面，应根据消费者对这种产品的接受程度，确定一个消费者可以接受的价格。

（三）竞争导向定价法

竞争导向定价法是指主要通过竞争的手段来确定定价的方法，企业通过参考同类型产品的竞争对手的价格作为自身产品的定价参考，并根据竞品的价格浮动来调整自己的价格水平。现代企业由于想要在市场上生存，并且想要增加销量、提高市场占有率、保持价格稳定、保持营业，普遍采用的都是竞争导向定价法。

1. 随行就市定价法

随行就市定价法是指按照本行业的平均价格水平来为本企业产品定价的方法。在垄断竞争和完全竞争的市场条件下，任何一个厂商都无法凭借自己的实力而在市场上左右产品的价格，为了避免价格竞争给各方带来的损失，大多数企业采用随行就市的定价方法。

这种定价方法易于被购买者接受，因为平均价格水平在人们的观念中被认为是合理的，并且采用此种方法有利于本企业与同行业中的其他企业和平共处，从而避免激烈的竞争，同时，接受行业的平均价格意味着集中了本行业的集体智慧，能够为企业带来合理和适度的利润。这种定价方法适应于一些无明显特色的、市场需求较大的体育产品或服务。

2. 产品差别定价法

随行就市定价法是一种防御性的定价方法，它在避免价格竞争的同时，也抛弃了价格竞争这一有力武器。产品差别定价法则反其道而行之，是指企业通过不同的营销努力，使同质的产品在消费者心目中树立不同的产品形象，选择低于或高于竞争对手的价格。产品差别定价法是一种进攻性的定价方法。

竞争导向定价法用于产品有一定特质、有一定品牌知名度的企业，如阿迪达斯，阿迪达斯作为世界知名的体育用品企业，其产品的定价就是按照竞争导向定价法，它主要考虑其竞争对手，如耐克、锐步等品牌的产品价格来确定自身产品的价格。同样，像特步、361°等国内体育用品企业，其定价策略也是如此。

第二节　我国体育用品定价策略

体育用品的定价策略，顾名思义，就是根据产品选择合适的定价方法。按照传统的理念，很容易理解成只要调低价格就能促进产品的销售。但实际市场经营的复杂，绝不仅仅是通过定价策略的调整就能对产品销售有利的，还要和其他策略配合起来才能将产品销售利益扩大化。正因如此，产品的定价策略要考虑多方面因素。

一、新体育用品的定价策略

新体育用品的定价是否恰当、合适，直接会影响到其能否收获市场的青睐、产品销量能否提高以及企业能否获得相应的利润，显而易见，这对新产品的未来发展方向具有举足轻重的意义。新体育用品的定价策略有以下三个方面：

（一）撇脂定价

撇脂定价的做法很像从牛奶的表面撇取奶油，所以又称"取脂法"。撇脂定价指体育组织一开始就将产品确定为高价格或比竞争者高的价格。也就是针对目标市场那些对价格不太敏感的消费者群体，虽然不能将价格定得太高，但是必须高到足以诱导一定的目标市场去采用新产品。为了成功地运用撇脂定价策略，体育组织必须确保营销组合中的其他策略与价格策略保持一致。也就是当将产品定为高价时，产品质量必须是一流的，分销渠道要具有选择性，促销策略应重点强化其高档商品的概念。

高尔夫和网球巡回赛采用的就是撇脂定价策略，将其最好的座位卖给一些精挑细选的顾客。如上海网球大师杯，汇集了来自世界网球的精英，吸引了全球网球爱好者的目光，一些全球范围内有影响的政治家、企业家都前来观看，就应当将一些最好的座位以最好的价钱卖给他们。对于一些全新产品、受专利或技术保护的产品、需求弹性较小的产品、社会上流行的产品和未来市场趋势难以判断的产品都可以采用这一策略。

（二）渗透定价

渗透定价就是相对竞品来说以更低的价格将新产品引进市场。尤其是当消费者对价格很敏感时，采取低价的措施就会鼓励消费者去尝试新产品或服务。此外，当需求与价格之间的弹性相对较大时，价格的变动会引起消费者对产品需求的大幅度增长，通常来讲，渗透定价有助于商品赢得大市场份额。采用渗透定价的前提是新产品的需求价格弹性较大，产品的需求量较大，新产品存在着规模效益。例如，利用渗透定价策略来刺激消费需求较为成功的案例是 WNBA。WNBA 采用渗透定价的目的是打算让尽可能多的人来观赏女子运动。WNBA 联赛中大多数的队伍都将票价定为最低 6 美元，最高 25 美元，并提供 6、8、10、15 美元不等的票价，这和 NBA 的平均 50 美元的门票价格有非常明显的差别。

（三）中间定价

中间定价策略即在新产品刚进入市场的阶段，将价格定在撇脂定价和渗透定价之间的一种定价策略，力求使买卖双方均感到满意。由于撇脂定价法的定价过高，对消费者不利，既容易引起竞争，又可能遇到消费者拒绝，具有一定的风险；渗透定价法的定价过低，对消费者有利，但对企业最初的收入不利，资金的回收期也较长，若企业实力不强，将很难承受。而中间价格策略采取适中的价格，基本上能够做到供求双方都比较满意。此策略适用于需求价格弹性较小的日用生活必需品和主要的生产资料。既可避免因定价高而带来的市场风险，又可消除渗透定价因价低而引起的企业生产经营困难，因而既能使企业获取适当的平均利润，又能兼顾消费者的利益。

二、心理定价策略

根据消费者对产品或服务的心理感受来确定产品的价格就是心理定价策略。心理定价策略主要有声望定价、整数定价、尾数定价、习惯定价和招徕定价。

（一）声望定价

声望定价主要是依据产品在消费者心中的声望、信任度和社会地位，以此来确定产品价格的一种定价策略。声望定价可以通过高价格彰显产品的名贵和优质，进而满足某些消费者的特殊欲望。例如，地位、身份、财富、名望和自我形象等。如职业篮球队球场边的座位经常会销售给电视转播人员，因此其价格就非常高。

另外一个声望定价的例子就是职业高尔夫球赛，其会允许1000名球迷进入传统的观众围绳内观看比赛，使这些球迷们拥有专门所属的视觉范围，拥有普通消费者所不能享受的特殊待遇。但是，这1000名球迷观众位置的费用至少是1500美元。

（二）整数定价

整数定价主要是通过将价格定为整数，来给消费者造成高价的印象。消费者心理经常把高价和高产品质量联系在一起，尽管未必是正确的。对于一些无法显示其内在质量高低的产品，在整数定价的方法下，凭借整数价格可以让消费者产生产品高价高质的印象。整数定价一般是以偶数，特别是"0"作为尾数。对于一些高档健身俱乐部、体育休闲场所、高尔夫球贵宾卡的销售等都应采用整数定价策略。

（三）尾数定价

尾数定价是指利用消费者的求廉心理制定非整数价格，而且价格常常以奇数作为尾数并尽可能在价格上保留尾数。尾数定价也称"奇数定价""非整数定价"，消费者会因为尾数（如9.95元）与整数（如10元）的区别而在购买行为上发生改变。消费者认为尾数定价的产品比整数定价的产品价值上更大，哪怕只是0.05元的差别。

对于一些体育消费品，如乒乓球、羽毛球、护腕、护膝、体育饮料等就应采用尾数定价。尾数定价给人的感觉是便宜、精确，感觉卖者较为诚实、公平。

（四）习惯定价

有些产品在长期的市场交换过程中已经形成了为消费者所适应的价格，称为习惯定价。这种习惯是根据人们的传统习惯心理来确定的。消费者对某项体育产品价格的期望值受该类产品传统定价基础的影响，价格稍有变动，就会引起顾客不满，提价时顾客容易产生抵触心理，降价时则会被认为降低了质量。因此，对于这类商品，如体育用品中普通的羽毛球、乒乓球等常见的商品，企业宁可在商品的内容、包装、容量等方面进行调整，也不采取调价的方法，以降低消费者的抵触心理。

（五）招徕定价

招徕定价目的是招徕顾客购买低价商品时，也购买其他商品，进而带动其他商品的销售。招徕定价主要是指多品种经营的企业中，对某些商品采取低价销售的策略，以吸引顾客。

三、产品组合的定价策略

（一）产品线的定价

利润目标是定价的目标之一。定价策略必须以发掘整个产品或产品生产线的最大利润为导向，而不是追求单个产品的价格。产品线是一组密切联系的产品，它们满足于同一消费群体，一起被使用并通过同一渠道一起被销售给同一个消费群体。由于影响各项产品的因素不同，围绕着整个产品组合而进行的定价策略也会变得很复杂。

产品线的定价确定了系列产品的销售价格以及价格浮动范围。在产品线中，有个别环节的产品的定价会偏低一些，以此来吸引对价格敏感的消费者群体；有的环节的产品价格可能偏高一些，目标就是对准那些对价格不敏感的高收入消费群体。产品线的定价策略通常用于体育赛事的门票销售，例如，足球队可以对联赛主场提供20、30、40、50、60、80元不等的门票。球星卡制造商在提供特别的、版本有限的球星卡时，就会采用产品线的定价策略，把球星卡的价格定得很高，对消费者来说，产品上标有"限量"两个字，就意味着价值。

使用产品线的定价策略，体育营销者必须小心谨慎地为产品线中不同的产品选择确定合适的价格。如果消费者把较低价格产品的有限质量和特点应用到较高层的产品上，较高价格产品的形象就可能受到损害。可是，在产品线里的更高价格的产品可能会提高较低价格体育产品的形象。

（二）捆绑定价

"整体大于各局部之和"的观念，是实现销售定价的基本前提。捆绑定价策略指的是将不同的体育产品和服务打包组合在一起，制定一个价格。可运用捆绑定价策略将运动服、运动鞋、运动包一起制定一个价格销售出去。

我们经常听说高尔夫球休闲度假将非会员场地租借费、早餐、住宿、差旅费等内容包含在一起，统一制定一个较低的价格。这对潜在的消费者来说，非常具有吸引力，因为各项产品和服务组合在一起的价格比它们单一出售的价格之和要低，消费者从组合产品中得到的便利也更多。

另外一个例子就是比赛门票的捆绑销售，将门票"捆绑"成一个赛季单元。如职业足球队可将门票套装，为球迷提供整个赛季的座位票，且此套票比单个购买每场比赛的票价低30%。足球联赛中有的球队以396美元的价格给球迷提供赛季大礼包，包括除门票以外的各项服务内容，如球迷可以免费参加球队的商业活动、参加赛前庆祝晚会、免费吃开胃食品、免费的T恤衫和资讯新闻、免费照相等。

四、产品阶段的定价策略

产品阶段的定价策略是指依据商品经济生命周期分析，并在此基础上根据了解的产品生命周期不同阶段的特点来制定产品价格。

（一）投入期的定价策略

通常情况下，可以参考新产品的定价策略，对上市的新产品或者是经过改进的老产品在制定价格时，可以较高或是较低。

（二）成长期的定价策略

在产品生命周期处于成长期这一阶段，消费者已经接受了产品，销售量也会在市场上体现出来，呈现出增长的趋势，一般来说，不会贸然调整价格。但若在市场上存在价格相当的竞品，而本产品在进入市场时定价较高，那么企业可以为了提高市场占有率，采取适当降价的方式。

（三）成熟期的定价策略

在产品生命周期处于成熟期这一阶段，无论是消费者的人数、产品的销售量抑或市场占有率，都达到了产品的巅峰水平并开始出现回落趋势，在市场竞争处于十分激烈的情况下，通常可以调整价格，降价销售。若是竞品不多，不会威胁产品的销售水平，那么价格也可以不用调整，仍保持原价销售。

（四）衰退期的定价策略

在产品生命周期处于衰退期这一阶段，市场能明显感知消费者情绪，即消费者数量减少，产品销量下跌。此时，企业一般应采取果断的降价销售策略，有时也会有成本高于销售价格的可能。但根据市场具体情况看，如若竞品在市场表现并不够亮眼、已经退出市场或是产品自身有保存价值，那么尽管处于衰退期，也可以维持原价销售，甚至还有调高价格的可能。

不同产品在产品生命周期上的特点都有很多共性，但也会有产品自身性质、特点的区分，这就导致了不同产品市场供求状况不尽相同，我们在对产品采取定价策略时，也要充分考虑实际情况，具体情况具体分析，才能找到产品最合适的定价策略。

五、价格调整

产品进入市场，虽然经历了定价的阶段，但产品价格不会一成不变。一般来说，企业根据对市场的敏锐嗅觉，经常根据竞品定价、生产成本和市场供求关系对产品价格作出适当的调整，通过降价或加价，使产品的利润能够达到最佳水平，产品销量也能处于理想状态。

（一）降低价格

体育组织在赛季中间利用降价来刺激需求，是体育营销者普遍采用的方法。降价就是靠直接降低产品或服务的价格来提高销售额和占领更大市场份额的方法。除了直接降低价格的方法外，折扣和附送也是比较常见的降价方法。

不管体育产品制造商采取什么样的降价方式，他们都要冒一定的风险。顾客对企业的降价行为会有如下反应：产品的质量有问题；这种产品老化了，很快会有替代产品出现；企业财务有困难，难以经营下去；价格还会进一步下跌。因此，降价一定要采取谨慎的态度。

（二）提高价格

价格有刚性的特点，即价格在确定后就不易变动，也就是价格缺乏弹性。刚性价格只升不降，这是长期角度下的现状。但短期来看，提高价格通常情况下会引起消费者和中间商的不满，进而导致消费者拒绝或减少产品的购买或进货。一般只有在如下特殊情况下采用此策略：

企业成本由于通货膨胀或原材料等价格上涨的因素而增加，但又无法自我消化增加的成本，只能通过提高售价才能维持正常的生产经营活动；市场供求关系紧张，产品供不应求，以至于当下无法满足市场需求，通过提高价格来筛选顾客，减少非必要需求的购买，可将产品卖给需求强度最大的消费者；针对环境的保护以及对于稀缺资源的合理使用，政府对某些产品采用经济手段调控，致使价格上升，具体表现为政策、法规限制消费或提高产品的税率。

由于提价可能带来的消极后果，体育组织会考虑直接提价的潜在替代物。这些替换物包括取消任何原定的降价、减少产品特征的数量，或者把原先捆绑销售的产品再分开进行销售。但在把提价转嫁给顾客时，公司应避免形成缺乏信誉的形象。在提价之前通过多种方式与消费者进行沟通，告诉消费者为什么价格要提高，也可以在改变产品包装、改变产品的质量或数量时提高产品的价格。

如果确定不存在其他的替代物，要提价的话，那么体育营销商最好用直接的方式，将价格的变化传达给球迷或消费者，以避免因提价而产生的消极后果。记住，大多数的定价都是建立在消费者的心理基础上的，如果能告知球迷或消费者提价的原因，他们就会觉得是正常的。

当对价格进行调整时，要关注的是价格差异注意点。差异注意点即两种价格刺激之间差别的临界点，这种刺激就是原始价格和调整价格。换言之，就是当价格调整之后，消费者能注意到原始价格与调整价格之间的差异。

（三）价格折扣

为了回报消费者的某种购买行为，如由于购买数量或现金支付、季节等因素，许多公司都会调整其基本价格，主要有数量折扣和季节折扣两种形式。价格折扣是一种间接的降价形式。

1. 数量折扣

数量折扣是消费者购买大量体育产品时获得的一种优惠。这种类型的折扣出现在不同级别的分销渠道里。以垒球手套为例，威尔逊公司有可能给某中间商一定数量的折扣，中间商购买得越多，享受的折扣优惠就越多。在体育比赛的门票销售中，对于不同数量的购买者也应给予不同的折扣。

2. 季节折扣

季节折扣在体育营销中同样很盛行，因为体育产品具有自然属性。参与者和观众都认识到，大多数运动项目受季节的限制，因此季节折扣就是用来刺激非高峰期的产品需求量的。例如，商家会在暑假期间将滑冰设备打折销售，来刺激消费者需求，以增加滑冰设备专卖店的交易额。制造商也可能对零售商给予季节折扣，来调整产出计划。

除了对体育产品给予季节折扣外，体育赛事的门票价格也可以有季节折扣。如在非赛季期间就进行门票销售，对于那些在冬季提前购买夏季赛事门票的消费者给予季节折扣。

第六章　我国体育用品产业消费市场探索

随着我国体育用品产业进入新的发展周期，体育用品消费市场也日益朝着多元化、高品质的方向发展。为适应新常态下的市场需求，体育用品供给市场的细分化趋势越来越明显。本章主题为我国体育用品产业消费市场探索，分为体育消费关联理论、我国体育用品产业消费市场概述、我国体育用品产业消费者现状研究。

第一节　体育消费关联理论

一、体育消费概述

现代社会中，体育消费在人们的生活消费中占据了重要的地位，并且是体育运动得以存在和发展的前提和保障。此外，体育消费也为体育产业和市场的开拓和发展提供了关键的社会基础。随着社会发展，人们生活更加富足，闲暇时间增多，同时也更加重视体育健身。因此，体育消费已成为了小康社会居民消费需求不可或缺的一部分，也是推动体育产业蓬勃发展的主要原动力。

（一）体育消费的含义

什么是体育消费？在我国，关于体育消费的概念，不同的专家学者有不同的定义。

因为专家学者所应用的研究方法和框架不同，所以他们对于体育消费的定义也有多种不同的解释。那么，具体指哪些与体育相关的消费行为呢？为了符合研究的标准和需要，本书定义体育消费为个人在体育活动中支出的消费。体育消费不仅指观赛或表演的门票购买，更重要的是人们为了追求身心健康，陶冶高尚情操，体验美好享受，享受休闲时光，提升生活品质，促进身体和智力全面发展而参与的各种与体育有关的个人消费活动，如体育运动、健身锻炼等。

可以将体育消费划分成两种，一种是严格意义上的体育消费，另一种是广义的体育消费。

严格意义上的体育消费指的是那些直接参与体育活动的个人所作出的消费行为。例如购买门票观看体育比赛或表演，以及报名参加武术、健美、气功、健身等课程的学费，还有自我购置的运动器材、健身器材、运动服装、运动鞋等。

广义的体育消费泛指与体育活动有关的个人消费行为，不论直接还是间接。换句话说，消费者通过付款所得到的各种实用价值或价值体验，都是与"体育"密切相关的。这里指的是因参加体育活动、观看运动比赛或表演等原因而需要支付的交通、住宿和餐饮等的开销。人们必须花费一定的费用来参与体育活动,这是体育活动得以存在和发展的基础,同时也支持体育产业和市场的增长。

(二)体育消费在社会消费结构中的地位

体育消费是随着社会生产力的发展而产生的,其是个人在满足日常生存需求之后,为了发展自己、享受生活等需求而进行的个人消费行为。同时,也是在完成工作和家务劳动等日常活动之外的闲余时间里进行的个人消费行为。体育消费不仅是个人娱乐消费和社交消费的重要组成部分,同时也是社会大众闲暇时间消费的重要方式之一,因此在全社会的消费结构中具有不可或缺的重要性。因而,体育消费在个人的生活消费当中是不可或缺的一部分,它包含着发展型消费和享受型消费。随着现代社会的经济发展和人们空闲时间的增加,运动休闲已经成了一种流行趋势和时尚潮流。根据一位社会学家总结,法国妇女在20世纪的消费理念是不断变化的:在60年代,她们注重化妆;70年代,她们关注香水;80年代,她们则更加重视健美。因此,人们进行体育消费是为了追求健康、文明且有意义的生活方式,旨在提高生活质量,实现休闲娱乐和健身的目的。社会文明不断进步和发展,在此过程中,体育消费也逐渐崛起并持续增长。

(三)体育消费的性质和特点

1. 体育消费的性质

消费资料所有制是反映消费关系的最基本的经济范畴。所谓消费资料所有制,就是通过消费资料的关系所反映的人与人之间的相互关系,包括消费资料的归属、占有和使用关系。消费资料所有制是决定整个消费活动性质和特点的根本性的经济条件,消费资料所有制直接决定消费关系的性质。因为人们有无消费资料以及拥有的消费资料数量的多寡和质量的好坏,直接决定消费的水平和消费的结构,体现着消费的社会性质。

2. 体育消费的特点

体育消费在社会主义市场经济条件下有以下几个基本特征:

(1) 社会主义体育消费是文明、健康、科学的体育消费

社会主义体育消费坚持科学社会主义的人生观、价值观和幸福娱乐观。体育消费要有利于人们德、智、体、美全面发展,使人们在闲暇时间里过上真正有意

义的幸福生活。在全社会形成一种文明、健康、科学的体育消费方式和风尚，从而促进社会主义精神文明建设。因此，社会主义体育消费既要坚持反对腐朽、庸俗、低级趣味的生活方式，同时也禁止那些损害人们身心健康、有害的、违背社会主义原则的体育消费方式。国家应采取经济的、行政的和宣传舆论等各种手段对体育消费行为加以科学引导和指导，从而使体育消费能够体现社会主义精神文明的特点，成为一种促进人们健康成长的、科学的、积极的消费方式。

（2）体育消费与经济增长的同步性

体育消费与经济同步增长是实现社会主义生产目的的需要，也是社会主义基本经济规律发生作用的重要体现。按社会主义基本经济规律的要求组织经济活动，最主要的就是要正确处理好积累与消费、生产与生活的相互关系。努力做到在生产发展的基础上，有计划、有步骤地提高全体社会成员的消费水平。同时，社会主义生产的根本目的在于最大限度地满足全体人民日益增长的物质文化生活的需要。而体育消费能满足人民发展和享受的需要，因此体育消费是实现社会主义生产目的的重要途径。所以，体育消费与经济同步增长的过程就是社会主义生产目的的实现过程，也就是人们物质文化娱乐生活不断被满足和提高的过程。因此，体育消费的增加与经济增长同步进行是社会主义体育消费的一个重要特征。

（3）体育消费需求的价格弹性较大

由于体育消费不属于生存消费，从人类需要的紧迫程度来看，对于体育消费的需求远远不如维持生存消费的食品等消费资料那样必不可少，也不如医疗卫生、教育消费那样迫切，因此体育消费需求的价格弹性较大。

（4）不同地区体育消费水平差异明显

由于受经济发展水平的影响，一般来说，沿海经济发达地区、大中型城市，体育消费水平相对比较高；农村地区、边远山区，体育消费水平相对较低。同一地区，体育消费也表现出一定的层次性。经济条件好的体育消费者参与较高级的体育消费项目，如高尔夫球、网球等；经济条件较差的体育消费者可能选择收费较低廉的体育消费项目。

（5）社会主义初级阶段体育消费主要表现为商品性体育消费

就目前来说我国商品性体育消费的比重还比较低。这是因为长期以来我们把体育事业单纯看作社会福利事业，长期实行行政型管理方式。因此，体育部门的产出、体育部门所提供的各种体育服务，通常是无偿向社会提供的。随着经济体制改革的不断深化，这种局面已经开始被打破。但就目前来说，还是有相当一部分体育服务是无偿或部分有偿地向社会提供的，这就造成体育服务的商品率还比较低。随着我国社会主义市场经济体制的逐步确立、我国体育部门改革的不断深化、我国体育产业化进程的积极推进，我国商品性体育消费的比重将不断提高，这将是社会主义初级阶段体育消费发展的必然趋势。

由于社会主义初级阶段体育消费主要表现为商品性体育消费，因而人们在体育消费领域中所形成的相互关系，必然主要为商品货币关系。因为在社会主义初级阶段的体育消费水平首先取决于人们的收入水平，收入水平主要通过货币收入来衡量，消费者货币收入的多少直接决定着消费者个人及其家庭的消费水平及生活改善的程度。同时也决定着消费者及家庭体育消费水平的高低。在体育消费品价格一定的条件下，消费者的货币收入越多，可以购买到的体育消费资料或体育服务也越多。因此，在货币作为商品价值的直接体现而存在，货币作为社会财富一般代表的情况下，社会主义初级阶段的体育消费关系，仍然是一种商品货币关系，社会主义初级阶段体育消费关系是仍然与物结合着并通过物表现出来的。

（6）体育消费品市场对体育消费需求具有重要影响作用

我们知道，商品最终进入消费领域，社会再生产过程才算最后完成。商品进入消费领域，必然经过市场这一环节。市场是联结生产与消费的纽带和桥梁。因此，在社会主义市场经济条件下，一切消费资料都只能通过市场才能进入消费领域，社会主义生产的目的才能真正实现。同样，体育消费品也只有通过体育消费品市场才能被体育消费者购买，体育消费者也只有通过市场购买到各种体育消费资料，才有现实的体育消费过程。因此，市场在满足体育消费者的消费需要中起着重要的影响作用。体育消费品市场的供应状况，制约着体育消费者体育消费水平的提高和改善。当体育消费品市场供应充裕、内容丰富、品种齐全、价格合理，体育消费者就有充分的挑选余地，这样可以满足不同层次的体育消费需求；反之，如果体育消费品市场供应紧张、内容单调、品种又少，且价格昂贵，则会极大地影响甚至妨碍体育消费者的积极性和热情。

（四）体育消费效益

1. 体育消费是一种健康投资

我们知道，花在衣食住行上的消费是能即时获得回报的，因此人们往往会毫不犹豫地支付高昂的价格。有些人可能认为，在体育活动上花费的消费并不值得，因为他们认为这种支出无法得到回报。实际上，参与体育活动并不是一种无回报的消费方式。相反，它可以被视作一种投资，可以带来众多好处，包括提升身体素质、平衡生活节奏、获得视觉上的愉悦感受，同时也具备维持和增进脑力和体力劳动能力的重要价值。因此，我们可以称之为"健康投资""发展投资""享受投资"。

2. 体育消费的效益分析

将体育视为一种消费方式，可被视为投资自身健康的举措，其效益显著可见。体育消费效益指的是，在人们购买体育相关产品和服务后，实际上得到的与体育需求相关的满足程度。从经济效益的角度来看，体育消费可以带来经济发展和刺激就业的效果。从社会效益的角度来看，体育消费能够促进人们身体健康、凝聚社会团结力和激发爱国热情。此外，体育消费的经济效益和社会效益在许多情况下紧密相连，难以明确区分，因此我们将它们合并归为社会经济效益。同时，体育消费的收益与体育本身的功用和意义紧密相连，但却有其独特之处。下面特别关注探讨体育消费在社会经济方面所带来的影响和效益。

参加各项体育运动是一种有效的体育消费方式，这不仅可以提高个人的身体素质和智力水平，还有助于预防各种疾病和职业病的发生。此外，通过体育锻炼，可以提高劳动者的出勤率和工作效率，从而提高整个社会的劳动生产率，创造更多的社会财富，加速整体GDP的增长。

体育消费可以促进对运动器材、运动服装、运动饮料、运动食品、体育娱乐、体育旅游、健美训练、健康咨询、体育报纸、杂志、图书、画册等相关体育实物消费资料和体育服务消费资料的需求，从而为生产部门提供体育消费相关的信息需求。这将促进我国体育产业的发展并加速其对体育相关产业的推动发展。

体育消费可以带动体育场馆全面向社会开放，提供丰富的体育服务，提高场馆的运营和社会效益，进而增加经济收益。

体育活动不仅能够满足人类在成长和享乐方面不同层面的需求，还能激发人们内在的向上追求和精神追求,增加个人竞争意识和团队协作能力,从而促进个人的全面发展并实现社会主义生产目标。

此外,体育活动还有助于陶冶人的高尚情操。推广普及体育消费可以提高大众体育意识和素质,增加人们参与体育运动的兴趣和积极性,促进群众体育的发展,推动体育社会化进程和全民健身战略的实施。

通过体育消费,促进社会主义精神文明建设,激发人们的爱国热情,增强民族自豪感和自信心,进而推动文化事业的发展和繁荣;同时,也有助于加速社会物质文明和精神文明的建设进程,弘扬中华民族的精神风貌。

二、体育消费的类型与结构

(一)体育消费的类型

1. 体育消费资料的分类

进行体育消费需要消耗一定的体育消费资料,各种体育消费资料都拥有独特的形态和用途。从满足不同体育消费者需求的角度来看,体育消费资料可以划分为两种类别:一种是观赏型体育消费资料,另一种是实体型体育消费资料。观赏型体育消费资料主要关注视觉体验,如各类体育比赛、体育表演、体育影视录像、展览等;实体型体育消费资料能够满足人们参与体育活动的需求,并且具有防护或作为工具和设备等方面的功能,如各种运动服装、运动器材等。不同的体育消费资料都有各自独特的功能,无法互相替代,例如,台球桌、乒乓球、羽毛球、网球等,它们之间的功能区分比较明显。有些运动消费品的作用与日常消费品相似,例如,运动服和运动鞋等。这些消费品不仅在体育活动中提供保护和支持,同时也可以在日常穿着中使用,具备与一般生活消费品相同的功用,因此它们的作用可以互相取代。

从其自然形态来看,体育消费资料可以区分为两种类型:一种是实际存在的体育实物消费资料,另一种是提供服务的体育服务消费资料。体育实物消费资料指的是由体育相关的企业制造生产的实体产品,例如,各种体育运动器材、运动服饰、运动饮料食品、体育相关读物、报纸以及杂志等,以供给体育消费者使用的物质资料。体育服务消费资料是指流动的、以服务为主的体育消费产品,其目的在于通过一系列服务活动，如健康咨询、体育表演、体育赛事等，来满足消费者的体育需求。一般而言，当生产力水平较低时，人们更倾向于消费体育用品和装备等实物消费品，而较少消费诸如体育培训等服务性消费品。这是因为一些体育用品可以取代一些日常用品的功能。随着社会经济和生产力水平的提升，人们的收入不断增长，对体育的关注度也在不断提升，体育服务的消费比重也相应地上升。

2.体育消费的分类

（1）有关体育消费分类的研究综述

不同的学者从不同角度对体育消费进行了分类，因此存在多种分类方法。在研究体育消费类型的问题上，国内学者主要提出了两种观点。

第一种分类方法认为体育消费可以被归为三种不同类型：体育实物消费、体育劳务消费（参与型消费或体育健身消费）和体育信息消费（观赏型体育消费或体育精神消费）。第二种分类方法将体育消费的形式分为两类：一种是购买体育产品，即实体的体育物品；另一种则是购买与体育相关的服务，也就是体育劳务消费。

（2）体育消费的三种类型

根据本书观点，根据体育消费者所购买的体育消费品所具备的不同功能，体育消费行为可被划分为三种类型。

①观赏型体育消费

观赏型体育消费指的是人们用金钱购买各种入场券、门票等，并观赏、欣赏各种体育比赛以满足视觉需求。例如，买票观看各种体育比赛、体育表演以及体育相关的影视录像、展览等。这种观赏型体育消费者大多都是对特定运动领域充满热情的人，比如足球、篮球等球类运动领域的"球迷"以及F1赛车等赛车运动领域的"车迷"。

②实物型体育消费

实物型体育消费是指的是购买与体育活动相关的各种体育实物消费资料的行为。这些实物包括运动器材、运动服装、运动饮料、体育新闻报纸、杂志、图书、画册等。这种类型的体育消费者可以分类为两类：第一类人是购买各种体育器材、运动服装等体育用品，以便直接参与各种体育活动；另外一些人订阅各种体育报纸杂志，不仅是为了了解体育界的动态，还是为了积累更多的话题材料，更加流利地表达自己的观点。还有一些人购买各种与体育相关的物品表达对体育的喜爱和支持，这些人通常不会亲自参加体育活动，但是也属于"体育消费者"的范畴。

③参与型体育消费

参与型体育消费是指人们购买与体育活动相关的各种服务和消费品，如支付参加各种体育活动、健美训练和健康咨询等方面的费用。一般情况下，参与体育活动的消费者会直接消费有关组织或部门提供的各种体育服务，以满足其参与需求。参与型体育消费者在参与的过程中，其实就是在进行消费。

另外，值得一提的是，体育彩票消费也是参与型体育消费行为。这是因为，体育彩票消费者通过货币支付方式可以获得的是一张能够证明其拥有按照特定规则获取奖励权利的有价凭证。因此，体育彩票消费者其参与购买—兑奖的过程就是消费过程。

（二）体育消费结构

1. 体育消费结构的含义

①消费结构的一般含义

消费结构（consumption structure）是指在特定社会经济环境下，个人或群体在消费中购买各种不同类型的商品或服务的比例和分布情况。不同的消费者和社会群体都会有所差异。它既有物质的实体形态，又具备经济上的价值属性。在消费过程中，实物形式指消费者所消费的实际物品种类和数量；价值形式是指人们在消费过程中，用货币来表达和衡量不同消费资料的价值比例关系，此种比例关系在我们的日常生活中，反映在不同方面的支出和消费行为上。

②消费结构的分类

消费结构可以依据不同的角度进行归类。

消费结构可分为实物消费结构和价值消费结构：实物消费结构是指消费方式根据物品和服务的种类及数量呈现，而价值消费结构则是以消费者收入中支出各种货币的数量和占比来表示。就当前形势而言，除了体现在价值结构上的部分消费，我国的实际消费还包括一些自行生产和使用的物品消费。

宏观消费结构与微观消费结构：宏观消费结构指整个社会的消费结构，它反映总体的消费数量和比例关系,从总体上反映一个国家或地区的消费结构状况。而微观消费结构则是指个人或家庭的消费结构,它能够反映个人或家庭在消费上的偏好、消费水平和消费习惯等方面的特点。相比之下,微观消费结构则更偏向于个人或家庭层面的消费情况,它涉及消费者个体的消费预算、偏好和行为等方面。微观消费结构指的是个人或家庭的消费方式和倾向,反映了消费单元的消费组成,是宏观消费结构的构成基础。在宏观层面,消费结构应当与国民经济现状和收入水平相适应,而在微观层面,消费结构则要与消费者个人收入和消费产品价格变化相适应。

不同社会集团的消费结构:不同社会集团的消费结构是指社会中不同阶层、群体的消费构成。例如,农民家庭的消费结构和城市职工家庭的消费结构等。

体育消费结构指的是在特定的社会和经济条件下,人们进行体育消费时,不同种类的体育消费资料和服务所占的比例关系。换句话来说,体育消费结构描述了一个社会或个人在总体育开支中,不同体育项目所占的支出比例。它可以以物品或服务的形式呈现,并具有相应的价值。在体育消费中,实物(或服务)形式指的是人们消费的体育产品或服务,包括其种类和数量。价值形式指的是人们在进行体育消费时,以货币为表现形式,将各种不同类型的消费资料之间的比例关系表示出来。在日常生活中,这个比例可以通过各种体育活动所花费的开支来具体体现。

研究体育消费结构的目的在于预测和理解体育消费变化的趋势,同时为调整体育产业和产品结构提供支持,以便更好地满足消费需求并实现供需平衡。另外,这种方法还可以对体育行业的经济效益进行全面的分析和评估,同时评估并检查人们是否能够满足他们的体育消费需求。

合理的体育消费结构,是由需求和供给相互作用所形成的结果。此外,体育消费结构还有助于推动供需的优化,促进供给改进与需求满足之间的协调,并避免过度满足供给与需求。建立一种合理的体育消费结构模式,实现体育产业发展战略和建立社会主义市场经济体制。

2. 影响体育消费结构的因素

体育消费结构是随着需求与供给的矛盾运动而不断变动的。体育消费结构的变动受多种因素影响,主要是社会生产力发展水平、体育产业结构、体育消费者的收入水平、体育消费品价格、体育消费意识、体育消费者的兴趣爱好等。

（1）经济因素

①经济状况对居民体育消费的影响

居民的消费行为受到其经济状况的影响，只有拥有足够的支付能力才能进行体育消费。因此，收入水平是居民体育消费水平的重要因素。只有当人们的收入水平达到一定程度，能够支付基本生活所需并留有一定剩余时，他们才会有能力进行体育消费，以满足其生活质量提升的需求。因而，居民的体育消费水平取决于其收入水平。

②居民收入增长的波动性对居民体育消费水平的影响

居民的个人收入增长不平稳，这种波动会直接影响到他们的可支配收入，从而限制了他们在体育消费领域的支出水平。随着居民收入稳步提升，可支配收入出现了明显增长，这导致了居民对体育消费的比例也随之扩大，这将促进居民参与体育活动，提高居民的体育消费水平。反之，居民的体育消费水平也会跟着降低。

③体育消费品价格水平对居民体育消费水平的影响

体育消费品的价格水平对居民的体育消费水平产生了影响，这也意味着价格因素是限制居民体育消费水平的重要因素之一。如果体育商品价格越高，那么购买它们的能力会越弱，导致人们在体育消费方面的支出也会降低。如果将消费分为满足基本生活需要的支出和满足生活愿望的支出，那么体育消费就属于后者。后者的价格受需求波动的影响很大，并且人们对未来收入的预期也不稳定，这可能会导致在体育消费品上购买的意愿下降，从而对市场需求造成限制，进而影响体育消费水平。

（2）非经济因素

①居民消费倾向性对居民体育消费水平的影响

消费倾向性对于国民经济的健康发展具有重要的意义，它充分呈现了在特定收入水平下人们对消费的意愿。体育消费首要的消费动机在于个人对体育的兴趣及爱好，只有长期坚定地对体育活动抱有兴趣，才能真正激发人们积极参与和观赏比赛的热情，进而有效提高体育消费水平。

②居民的消费素质对居民体育消费水平的影响

在进行体育消费时，居民的个性特征和兴趣爱好会显著影响其所选择的体育消费方式和类型。此外，消费者的文化素养还能够反映出他们对待体育消费的态度和观念。教育水平和观念在塑造人们的体育消费态度方面也具有重要作用，随着教育水平的提高，人们更倾向于购买休闲体育产品或服务，这也就说明了体育消费需要消费者具备相应的知识和技能。

③居民闲暇时间比例对居民体育消费水平的影响

有效的体育消费除了需要考虑到收入与需求之外，还要有充足的空闲时间。实际上，参与体育活动也可以看作一种利用时间的消费。缺乏充足的空余时间是居民参与体育消费受限的主要障碍，但如果增加了空余时间，将为体育消费提供更多时间上的保障。

3. 我国体育消费结构的特点

（1）实物型体育消费占较大比重

实物型体育消费指消费者在运动领域购买实物资料的需求，包括但不限于运动服装、运动鞋、小型运动器材以及家庭多功能健身器材。运动服装和运动鞋，这种实物型的体育用品具有运动和日常生活两方面的功能。此外，它们具有新颖的造型，流畅的线条，多样化的颜色和强烈的现代感、时尚感和个性化。因此，越来越多的体育消费者，特别是年轻人，开始更加喜爱这些商品。除此之外，这些小型运动设备价格亲民，许多人都能轻松购得。此外，全民健身战略的推行亦加速了这些设备的普及，对于那些热爱参与体育与健身活动的人来说，这些器材也成了必不可少的工具。因为全民健身活动和体育人口数量的逐步增加，我国的体育社会化程度不断推进，从而使得社会对各类实体体育用品的需求明显增长。实物型的体育消费需求要明显大于服务型体育消费需求和观赏型体育消费需求，这个观点也可以从上面分析的相关省市（地区）体育消费结构的调研数据得到证实。

（2）参与型体育消费需求的比重不断提高

由于体育消费是属于个人生活消费中发展消费和享受消费的一个重要的、有机组成部分，当今社会经济发展、生产力水平提高、老百姓收入增加、温饱解决以后，社会对体育消费的需求会不断增加。社会上提供的各种类型的健身休闲娱乐、咨询辅导培训等参与型体育服务产品也随着我国体育产业化进程的加快而越来越普遍。因此，这会吸引参与型消费者的关注并提高消费者消费兴趣，促进消费活动的进行。而且，体育的功能、体育消费的效益也已经被越来越多的人认识到，这将促使更多的普通百姓自愿加入到全民健身行列，成为体育人口。这样参与型体育消费者队伍日渐壮大，使得参与型体育消费需求在体育消费中所占的比重也不断提高。

第二节　我国体育用品产业消费市场概述

随着我国经济的发展，人们物质、文化生活水平的提高，全民健身计划的实施，体育运动的普及，体育人口的增加，对体育用品的需求不断增长，使我国体育用品市场得到了很快发展。在经济全球化浪潮的推动下，市场一体化进程加快，我国的"入世"以及进入纺织品"后配额时代"、鞋类贸易"零关税"谈判等，给我国体育用品业进一步拓展国际市场带来发展机遇，同时也面临严峻的挑战。

一、我国体育用品产业消费市场基本情况

（一）城乡居民体育用品消费

家庭消费性支出是指居民家庭用于日常生活的全部支出，包括购买商品支出和文化生活、服务等非商品性支出。近五年，我国城乡居民家庭平均每人全年消费性支出逐年增加，我国居民家庭用于文体用品（含体育器材）、服装（含运动服）、鞋帽（含运动鞋）的平均支出也逐年增加。2000—2001年城镇居民用于运动鞋的支出平均每人全年增加了3.9%，城镇居民家庭平均每百户年底健身器材拥有量近年来也逐年增长，从2000年的3.83台增长到了2003年的4.07台。而与此同时，这三项以及体育用品类的商品零售价格指数却逐年平缓下降。消费价格指数是居民家庭所购买的生活消费品的价格和服务项目价格变动趋势和程度的相对数。[①] 通过价格指数可以观察消费品的零售价格变动对居民生活消费支出的影响，直接反映居民生活水平的实际变化情况。近几年文体用品、服装、鞋帽的价

---

① 展颜.健身器材市场波动上升[J].中国对外贸易，2021（9）：58–59.

格指数表明我国体育用品市场货源充足，价格稳中有降，有利于大众的体育用品消费，可以促进大众体育活动的发展。

（二）家庭体育消费支出结构

2001年中国群众现状调查的结果显示。我国城乡居民以家庭为单位全年体育消费平均为397.42元，主要用于5个方面的消费，依次为：购买运动服装鞋帽，平均204.37元；购买体育器材，平均92.09元；去场馆参加活动，平均56.78元；订购体育图书，平均26.28元；购买体育比赛门票，平均17.85元。

2003年我国城市家庭户均用于运动服装、运动鞋、体育器材的消费分别为147.47元、178.65元和186.36元，明显高于农村的86.78元、96.42元和82.33元。城市家庭体育器材的消费支出占34.86%，列首位，而农村家庭是运动鞋的消费支出占36.31%，列第一位。[①] 体育器材一般只用于体育活动，而运动服装和运动鞋与一般日常生活的服装和鞋可相互替代，运动服装穿着舒适，活动方便，尤其是运动休闲装、运动休闲鞋，其已成为人们常用生活服饰之一。我国农村有许多地区还处在温饱阶段，体育用品消费对于他们还是属于"经济实用"类型消费，对运动鞋、运动服的消费并不是仅仅考虑它的体育运动的使用功能，而是更多的是考虑运动鞋、运动服穿着舒适、耐用和价格上。目前，我国城市体育用品消费呈多样化、高档化的发展趋势，而农村市场需求依旧不旺。

（三）体育用品消费的区域结构

体育运动与体育用品市场与区域经济的发展有着密切关系。按东部、中部、西部区域划分来看，我国东部地区经济发展普遍高于中部、西部地区，东部地区各省城镇居民家庭平均每人全年消费性支出平均水平达7691.56元，农村1644.79元；中部地区分别为5333.13元和1737.28元；西部地区分别为5913.18元和1440.92元，东部地区与中部、西部地区相差较大，而中部地区与西部地区相差不大，西部的城镇反而略高于中部地区。2004年按东部、中部、西部划分，其社会消费品零售额占全国的比重分别为60.6%、26.7%和12.7%。2003年东部地区居民消费品零售额增长了11.11%，中部地区增长了10.2%，西部地区增长了10.3%。

从我国城镇居民家庭平均每人全年体育用品消费密切相关的文体用品、服装

---

① 库都来提·艾拜都拉.我国体育消费升级研究[J].文体用品与科技，2021（21）：177-179.

和鞋帽三项消费支出看,东部地区三项支出合计为927.11元,高于中部地区的792.03元、西部地区的795.29元。若单从文体用品这一项看,东部地区为321.88元,高于中部地区的195.1元、西部地区的230.54元,西部地区高于中部地区。再从每百户家庭健身器材拥有量看,东部地区为5.43台,远高于中部地区的2.85台,西部地区的2.97台,西部地区也略高于中部地区。

东部地区三省市家庭用于体育用品消费支出平均为538.71元,远高于中部地区的407.74元,西部地区的409.97元。西部地区也略高于中部地区。西部地区家庭体育用品消费略高于中部地区表明,由于近年来我国实施了"西部大开发"战略后,西部地区的经济发展较快,发展的速度高于中部地区,从2003年各地区城镇居民平均每人全年家庭收入看,西部地区城镇居民平均每人全年家庭收入达7726.66元,高于中部地区城镇居民平均每人全年家庭收入的7391.46元,西部地区居民生活水平普遍提高,促进了体育消费水平的提升。[①]

二、我国体育用品的市场类型

(一)体育用品专业批发市场

专业批发市场是为买卖双方提供信息、结算、运输会展等配套服务并且兼具公开性和规范性的商品批发交易的场所。体育用品专业批发市场的优势在于不受当地资源、地域以及购买力等因素的限制影响,具有针对体育用品商品集散、平衡供需、多功能、高效益等特点,有利于体育用品的大规模、大范围的社会化流通。对于当下我国体育用品流通的相对滞后的现状,国家体育总局体育器材装备中心充分依靠自身在体育用品业的权威影响,同政府有关部门和有关企业在个别的省会城市和我国主要大城市建立了30个左右的大型体育用品专业商城,基本做到了覆盖全国的中心城市、大部分省会城市以及体育用品生产企业较集中的地区,形成了全国整体联合经营的局面,其中的大型批发市场分别建在广州等全国大区域的中心城市。除此之外,地方政府及有关部门为提高地方经济和体育行业经济的发展也建设了一批体育用品专业市场以及相关的文体用品、运动休闲服装、运动休闲鞋等市场。

---

① 周家乐.注意力经济促进我国体育用品消费的研究[J].侨园,2019(6):103.

（二）大型商场超市体育用品专柜

在我国大型商场、超市中都设有体育用品专柜，如运动服装和运动鞋专柜。并且大型商场主要还销售高知名度品牌的体育用品或是中高档的体育用品，这是因为大型商场、超市优越的购物环境和有设计的布局，对于高知名度品牌体育用品来说是十分理想的销售场所。在我国《中国市场统计年鉴》和《中国商品交易市场统计年鉴》等统计年鉴，以及商务部"重点流通企业监测系统"中，运动鞋和运动服的市场统计归类在服装鞋帽类之中；体育用品的市场统计归类在体育娱乐用品品类中。体育娱乐用品包括体育用品（主要指体育器材类）和游艺器材及娱乐用品两类。在体育娱乐用品类中，游艺器材及娱乐用品比重很小，而在游艺器材及娱乐用品的销售中，本应属于体育用品的产品占了很大的比重，如台球桌、弹球桌、保龄球设备及器材、飞镖、围棋、象棋、麻将牌、棋牌、秋千、悬梯等。所以，体育娱乐用品的市场统计数据基本上反映我国体育用品市场的状况。

（三）体育用品专业店

专业店经营是指为了满足消费者对某一大类商品的选择需求，专门提供某一大类商品并且具备一定的具有丰富专业知识的销售人员提供适当的售后服务的零售业态。体育用品专业店，顾名思义，就是一些专门经营体育用品的零售企业。一般集中分布在体育场馆、体育中心、体育院校等周边，通常以零售为主，形成大规模和数量的体育用品商业群。这些体育用品专业店的商品结构体现体育用品的专业性、深度性，经营的体育用品品种丰富。

（四）体育用品专卖店

专卖店是指为了适应消费者对品牌的选择需求和中间商品牌的需求，专门经营或授权经营品牌的零售业态。一般专卖店有三种形式：第一种是自由加盟店；第二种是由原有经销商开的自营店；第三种是总部投资的直营店，其中经销商自营店占的比重比较大，大约要占比例的半数以上，体育用品专卖店是一些专门经营某一个运动品牌的体育用品的企业。体育用品专卖店的商品结构还是以高知名度的品牌或大众品牌为主，销售特点主要是销售量小、品质有保障。体育用品专卖店主要还是集中在城市，是对大型百货商店的一种另一形式的补充。

在针对体育用品专卖店的市场调查中，主要以国内外的高知名度名牌产品为主。例如,李宁、双星、安踏、耐克、阿迪达斯、匡威、乔丹等。商品提供包括运动服装、运动鞋、帽子、背包,还有各种各样的运动配件以及体育器材。

(五)体育用品博览会

国家体委、轻工业部、商业部于1972—1980年共同召开了9次全国体育系统体育器材计划会议,简称全国体育器材计划会议。在此期间国家体委、纺织工业部、商业部还共同召开了两次全国体育系统运动服装计划会议,简称全国运动服装计划会。1980—1992年,国家体委、轻工业部、纺织工业部、商业部又召开了19次体育器材和运动服装订货会。全国体育器材计划会议和全国运动服装计划会等就是中国体育用品博览会的前身。这些都是为了保证全国体育竞赛、运动员训练和援外体育用品的生产和供应。体育用品博览会为国内外体育用品厂家提供展示和交易产品的平台,促进体育用品市场的开发和建设,为我国体育用品产业的发展和体育用品市场的繁荣作出了贡献。1993—1995年,国家体委、中国轻工总会、中国纺织总会、国内贸易部共同主办了3届中国体育用品博览会。1996—2003年,国家体委与当地省政府、中国体育用品联合会共同主办了13届体育用品博览会,当前的中国体育用品博览会已经成为全球仅次于欧洲ISPO和美国Super Show两大国际体育用品展会的第三大体育用品盛会,体育用品博览会在国内的各专业性博览会中排名第五。

三、我国体育用品市场规模

据《2003年中国市场统计年鉴》统计,2002年我国限额以上体育娱乐用品类贸易业批发零售总额为119.79亿元,较2001年的117.08亿元增长了2.32%,其中2002年批发总额为57.19亿元,下降了5.82%,占全年体育娱乐用品总额的47.74%,零售总额为62.6亿元,增长了11.09%,占全年体育娱乐用品总额的52.26%。

2003年全国亿元以上体育娱乐用品商品交易市场成交额为65.85亿元,占全国各类商品交易额的0.31%。其中批发总额为59.35亿元,占体育娱乐用品商品交易额的90.13%;零售总额为6.5亿元,占9.87%。全国共有体育娱乐用品商品交易摊位数10548个,占全国各类商品交易摊位的0.49%。其中批发摊位数7620

个，占体育娱乐用品商品交易摊位的72.24%。零售摊位数2928个，占27.76%。从2000—2003年我国亿元以上商品交易市场体育用品摊位数成交额统计看，近年来，我国体育娱乐用品市场波动较大，其摊位数和成交额都有些不规则的变化，影响我国体育娱乐用品市场因素较多，市场竞争还是比较激烈的。2001年摊位数下降6.34%，成交额却增长39.6%，2002年摊位数和成交额都增长了，2003年摊位数增加了6.43%，而成交额反而下降了10.10%。

从2003年体育用品的摊位数上看，我国体育用品交易场所涉及工业品综合市场、农业品综合市场、小商品市场、服装鞋帽市场等12类市场。其中，在综合市场中的摊位数为7989个，占到体育娱乐用品类总摊位数10548个的75.74%，其中工业品综合市场中有6300个，占到59.73%；在专业市场中，体育用品的摊位数为2548个，占体育娱乐用品类摊位数到24.16%；其中在小商品市场中的摊位数为1202个，占到11.4%。从成交额看，在综合市场中的成交额为47.68亿元，占体育娱乐用品总成交额的72.42%；在工业品综合市场中的成交额为40.73亿元，占到61.86%；在专业市场中的体育娱乐用品成交额为18.09亿元，占总成交额的27.47%，其中在小商品市场中，体育用品的成交额为6.00亿元，占到8.96%。我国的体育用品市场，在综合市场主要集中在工业品综合市场，在专业市场中主要集中在小商品市场。[①]

四、体育用品市场供求状况

当前我国国内体育用品市场已进入买方市场，多数商品处于供过于求状况。国家发展和改革委员会与中华全国商业信息中心会同各省、自治区、直辖市、计划单列市、副省级城市经贸委（经委）、有关地方商委（财贸办、内贸行业管理办公室）及有关大型商业企业，对2002年上半年全国商品市场主要商品供求情况进行了分析。

在103种供求基本平衡的商品中，体育用品有5种，分别是：乒乓球、羽毛球、乒乓球拍、健身器材、钓鱼用具；在500种供过于求的商品中，体育用品有12种，分别是：针织运动服装、男式旅游运动皮鞋、女式旅游运动皮鞋、儿童旅游运动皮鞋、皮制篮球、皮制排球、皮制足球、羽毛球拍、网球拍、游戏机、象棋、

---

① 朱俊英，王彦臻．我国体育用品市场发展研究综述[J]．经济，2016，（2）：292-293．

围棋等。2003年下半年对全国600种主要商品市场供求情况进行了排队分析。在473种供过于求商品中，涉及体育用品的商品有25种，分别是：针织运动服装、游泳衣、男旅游皮鞋、女旅游皮鞋、童旅游皮鞋、运动休闲包皮制篮球、皮制排球、皮制足球、乒乓球、羽毛球、网球、壁球、乒乓球拍、羽毛球拍、网球拍、滑板车、电动滑板车、滑板、旱冰鞋、健身器材、运动护具、钓鱼用具、象棋、围棋等。

从这两次体育用品市场调查结果看，体育用品供过于求的品种数量仍在扩大，多数商品处于市场饱和状态，尤其是低档产品处于供过于求状态，中档产品处在饱和状态，市场供过于求的矛盾加剧。体育用品生产企业，应把握市场动态，以市场为导向，调整产品结构，根据国内外市场需求，走机电一体化道路，运用微电子、磁控、声控、激光及视屏显示等先进技术；发展以碳纤维为代表的新型高分子复合材料在高档竞技体育和健身器材上的应用；研制采用电脑测控的全自动体能测试仪器等；开发一些集健身、健美、体疗、康复和娱乐于一体的新型健身器材、休闲运动用品以及一些高档竞技体育器材，生产适销对路的产品，增加有效供给，缓解市场压力。

第三节　我国体育用品产业消费者现状研究

2001—2011年，我国体育用品行业成长快速，基本保持了双位数的增长，尤其是2008年北京奥运会前后，达到顶峰，但由于供需失衡等原因，从2012年开始步入寒冬。本土品牌李宁、安踏、特步等陷入经营困境。经过调整，体育用品市场于2014年开始复苏，行业走出库存危机。到2016年，我国体育用品行业增加值突破3000亿元。体育用品制造行业规模以上企业个数突破1000家，达到1092家，同比增长10.3%，成为继美国之后第二大体育用品消费市场，行业竞争力显著提升。[①]

虽然网络渠道发展势头迅猛，但注重消费体验的传统实体渠道并不会被网络渠道完全取代，只是传统实体渠道已由原有的绝对优势变成了相对劣势。因为不同的购物渠道具有不同的属性和效用，可以满足消费者不同的需求，实体渠道与网络渠道之间存在竞争却又互补的关系。在实体店购物，消费者可以通过亲眼看

---

① 朱俊英，王彦臻．我国体育用品市场发展研究综述 [J]．经济，2016（2）：292-293.

到产品，触摸和感觉，体会对产品的真实感受，享受购物体验，并拥有和使用商品的即时性，减少交易的风险，渠道具有持久性和现实性。作为全球知名的体育用品零售商，迪卡侬就是典型的实体渠道代表。营业收入的持续增长和逆势发展，充分折射出迪卡侬作为实体零售商发展的强劲势头。通过网店等电子渠道购物，消费者可以获得更实惠的价格、购物时间更便利，信息搜寻成本更低、产品种类选择更多样。由此形成了传统的实体渠道（实体商店和目录邮购等）和新兴的电子渠道（网络商店和移动商店等）共存的多渠道格局。

在购买决策过程时，消费者有着一种"路径偏好"，即消费者总是喜欢选择特定的零售商进行交易。一些消费者喜欢到实体店购买，一些消费者则选择在线交易。这种"路径偏好"也可以称之为渠道偏好。经济学家用偏好来表示消费者对某一消费路径按自己的愿望所进行的排序，因此，对于消费者来说，某个偏好在一个时间段占了主导地位，且在一段时间内相对稳定，但并非永久不变。尤其是在消费者面对多种渠道选择的背景下，消费者的偏好会随着消费者一次次的购买经历、购后认知而变化，并且受到消费者个人特征的影响从而发生转变。在体育用品传统实体零售商和网络零售商竞争激烈的今天，如何让消费者购物时，"偏好"选择自己成为零售商们主要的任务。不同的消费者原本有相对稳定的偏好，为了争取消费者，零售商应该作出营销努力，通过各种营销手段吸引消费者，让消费者作出尝试性的选择，通过满意的购物经历形成新的偏好，或者产生偏好转移。比方说网络零售商通过低价打造了"双十一"节，目的之一就是吸引争取更多的消费者选择网络渠道，而实体店不断推出新的体验方式和加大促销力度，同样是为了吸引消费者选择实体渠道。

影响消费者的渠道选择因素很多。消费者购买的产品特征、人口统计特征、购买倾向、动机以及经验、感知风险等因素影响消费者的渠道选择。王全胜、韩顺平将渠道选择影响因素归纳为渠道因素、消费者因素和情景因素三类。渠道因素主要是消费者对渠道的交易成本、便利性、服务质量以及风险等渠道属性的感知。[1]情境因素主要指考虑购买的产品和购买过程的不同阶段，消费者因素主要包括购买的动机、以往的购物经验以及人口统计学特征（如年龄、性别、地域分布、学历、工作类型、收入等）。

---

[1] 王全胜. 电子商务原理 [M]. 北京：北京大学出版社，2002.

消费者在选择购物渠道后，与选择的零售商产生心理契约。由于购买产品或服务的过程中会花费时间和精力，作出购买决定后，会对得失进行评价，这时消费者心里就会产生很多想法。当消费者有多种商品可供选择时，选择其中一种商品而放弃其他商品，意味着消费者接受了购买的商品的劣势，而放弃了未选择商品的优势，这样心理上会有不舒适感，产生认知失调。同样，在面临多种购物渠道选择的情况下，购物渠道都有各自的优劣势，消费者选择一种渠道的同时，即放弃了其他渠道，从而产生认知失调，影响消费者对购物渠道的认知以及购物渠道偏好的形成。

参考文献

[1] 李少龙,李德玉,白怡珺.体育产业多元化发展及路径研究[M].哈尔滨:哈尔滨工程大学出版社,2022.

[2] 白震,袁书立,张华岳.体育产业发展:新的机遇与挑战[M].长春:吉林人民出版社,2021.

[3] 汪志刚.体育产业市场营销学[M].武汉:武汉大学出版社,2019.

[4] 杨京钟.中国体育产业财税理论与政策研究[M].长春:东北师范大学出版社,2019.

[5] 乔一涓.中国体育产业的发展路径及法律规制[M].武汉:武汉大学出版社,2021.

[6] 李静文.休闲体育产业与经营管理[M].北京:新华出版社,2017.

[7] 徐英微."互联网+"视域下体育产业发展创新研究[M].北京:中国原子能出版社,2019.

[8] 中国文教体育用品协会.中国文教体育用品行业图集[M].济南:山东省地图出版社,2000.

[9] 肖膺秀.文化体育用品商品知识[M].北京:中国商业出版社,1990.

[10] 詹建国.体育商业现代化经营方式我国体育用品流通网络发展模式研究[M].北京:北京体育大学出版社,2003.

[11] 张时秋,彭国强,高庆勇.碳中和背景下我国体育用品制造业结构转型思考[J].体育文化导刊,2023(3):85-90.

[12] 林舒婷,沈克印.体育用品制造业服务化的模式创新与实现路径[J].体育科研,2023,44(2):70-79.

[13] 潘玮,沈克印.体育用品制造企业数字化转型的动力、困境与策略[J].河北体育学院学报,2023,37(2):39-46.

[14] 孙蔚，杜浩昇. 疫情视域下我国体育用品品牌发展统计研究 [J]. 文体用品与科技，2023（5）：156–158.

[15] 向绍信. 体育用品制造企业劳工标准对企业文化力的影响 [J]. 合作经济与科技，2021（18）：110–111.

[16] 黄涛. 我国体育用品产业标准化现状与对策研究 [J]. 大众标准化，2022（17）：161–163.

[17] 郑挺，衣刚. 李宁体育用品有限公司营销策略分析 [J]. 中国管理信息化，2022，25（14）：140–142.

[18] 朱良昊，杨嘉，周博军等. 消费者体育用品网络购买意愿研究：基于4个竞争模型的实证检验 [J]. 河北体育学院学报，2022，36（4）：59–69.

[19] 徐琳丽. 体育用品市场营销方略 [J]. 营销界，2021（28）：9-10.

[20] 尹朝晖. 本土体育用品品牌形象对消费者购买意愿的影响：以感知价值为中介 [J]. 山东体育科技，2022，44（3）：29–36.

[21] 吉李强. TB体育用品公司网络营销策略优化研究 [D]. 保定：河北大学，2022.

[22] 姚松伯. 电子口碑对体育用品消费者购买意愿的影响研究 [D]. 上海：上海体育学院，2022.

[23] 李逢源. 我国体育用品网络营销策略与创新研究 [D]. 天津：天津体育学院，2022.

[24] 罗岑薇. 中国体育用品零售业数字化转型发展路径研究 [D]. 成都：西南财经大学，2022.

[25] 徐尊. RCEP对中国体育用品的贸易效应研究 [D]. 开封：河南大学，2022.

[26] 孟令云. 价值链视角下安踏体育OPM战略营运资金管理研究 [D]. 重庆：西南大学，2022.

[27] 徐琳. 国内运动服饰企业发展现状及对策研究 [D]. 上海：上海师范大学，2022.

[28] 杨雨晴. 中国体育用品企业海外市场进入模式的选择研究 [D]. 天津：天津商业大学，2022.

[29] 龚雨建. 中国体育用品制造业嵌入全球价值链的就业效应研究 [D]. 成都：西南财经大学，2022.

[30] 李张玉. 体育用品业服务创新的均衡路径研究 [D]. 长春：吉林体育学院，2022.